地方銀行の
コーポレートガバナンス
戦略

弁護士 **香月裕爾**
青森銀行取締役監査等委員 **杉山大幹**
弁護士 **古川 綾一**

［編著］

一般社団法人**金融財政事情研究会**

はしがき

　コーポレートガバナンスという言葉が上場会社の役員に膾炙されて久しいものと思われます。コーポレートガバナンスは、当初「会社はだれのものか。株主のものである。」という「株主優位の原則」に根差して使われていたように思います。しかし、平成27年6月1日から上場会社に適用されている「コーポレートガバナンス・コード」においては、株主はもとより株式会社をめぐるすべてのステークホルダー（利害関係人）のために、会社の持続的成長と中長期的な企業価値の向上を図ることによって、その社会的責任を全うすべきであるとの考え方に進化しています。

　そもそも地方銀行は、株主のみならず、地域社会に多くの顧客（預金者や融資取引先）を抱え、かつ地方公共団体の指定金融機関となる機会も多いことから、他の上場会社よりも多くの当該地域社会におけるステークホルダーとの共生を実践してきたと考えられます。

　しかしながら、地方銀行においてコーポレートガバナンス、特に「攻めのガバナンス」への積極的な取組みがなされているでしょうか。地方銀行の監督官庁である金融庁は、平成29年11月に公表した「平成29事務年度金融行政方針」において、地方銀行に対し、「適切なガバナンスが将来にわたって持続的に発揮されるよう、ガバナンスの質の向上（優秀な経営者を選ぶ枠組みの策定、相談役・顧問等による不適切な影響力の排除等）を図っていくことも重要である」と指摘しています（同方針22頁）。

　それでは、地方銀行がコーポレートガバナンスを向上させるには、どのような事項に留意すればよいでしょうか。思うに、地方銀行は各行に適合したコーポレートガバナンス戦略を立てて実行するべきです。たとえば、銀行の機関設計についていえば、平成26年の会社法改正によって新たに創設された監査等委員会設置会社に移行する地方銀行が増加する傾向にありますが、このような動きは、各行のコーポレートガバナンス戦略に基づくものと評価で

はしがき　1

きると思います。

　本書籍は、地方銀行のコーポレートガバナンス戦略について、地方銀行の顧問を務め、日常的な法務相談から経営問題まで広く扱う弁護士２名と、監査等委員会設置会社移行に際して、常勤の監査等委員として監査等委員会を立ち上げた地方銀行取締役の３名による共同著作であり、その内容は、「コーポレートガバナンス入門」「コーポレートガバナンスに対応する機関設計」「地方銀行のコーポレートガバナンス戦略」「ステークホルダーとの対話」「会計監査人との付き合い方」「コーポレートガバナンス・コード対応」「銀行法および監督指針とコーポレートガバナンス」の７章から構成されています。本書籍では、地方銀行のコーポレートガバナンス戦略について、会社法等に接する機会が日常それほど多くない地方銀行役職員の皆さまの理解が進むように、わかりやすく丁寧に記すことを著者一同心がけました。なお、本文中、意見にわたる部分については、著者の個人的見解です。

　本書籍がコーポレートガバナンスと真摯に向き合う多くの皆さまにとって、より進化したコーポレートガバナンス戦略への一助となれば、著者一同にとって望外の喜びでございます。

　最後になりましたが、本書籍を上梓するにあたり、適切な助言と編集をしてくださいました株式会社きんざい出版部長である田島正一郎様に心から御礼申し上げます。

　2018年６月

編著者一同

【編著者略歴】

香月　裕爾（かつき　ゆうじ）

小沢・秋山法律事務所弁護士

昭和33年生まれ。56年3月明治大学政治経済学部経済学科卒業。62年司法試験合格、平成2年4月弁護士登録（東京弁護士会）

主要著書　『Q＆Aよくわかる高齢者への投資勧誘・販売ルール』（金融財政事情研究会）

　　　　　『アパートローンのリスク管理』共著（同上）

　　　　　『金融機関のコンプライアンス・オフィサーQ＆A』（同上）

杉山　大幹（すぎやま　ひろみき）

昭和33年生まれ。56年3月明治大学経営学部卒業。同年4月青森銀行入行。平成25年6月執行役員営業統括部長。27年6月取締役、弘前地区統括委嘱。28年6月取締役監査等委員。平成30年6月同行取締役退任、あおぎんカードサービス株式会社代表取締役社長就任

古川　綾一（ふるかわ　りょういち）

小沢・秋山法律事務所弁護士

昭和59年生まれ。平成19年3月東京大学法学部卒業。早稲田大学大学院法務研究科修了。23年12月弁護士登録（東京弁護士会）

目　次

| 序　章 | 社外取締役である監査等委員の独白 | 1 |

| 第1章 | コーポレートガバナンス入門 | 7 |

1　コーポレートガバナンスとは……………………………………………8
　(1)　コーポレートガバナンスの意義……………………………………8
　(2)　コーポレートガバナンスの重要性…………………………………9
2　金融庁および証券取引所によるコーポレートガバナンスの整備………10
　(1)　コーポレートガバナンス・コードの策定および改訂………………10
　(2)　スチュワードシップ・コードの策定と改訂………………………18
　(3)　フォローアップ会議…………………………………………………22

| 第2章 | コーポレートガバナンスに対応する機関設計 | 23 |

1　総　　説…………………………………………………………………24
2　監査等委員会設置会社…………………………………………………27
　(1)　監査等委員である取締役の選任、解任……………………………27
　(2)　監査等委員会の組織…………………………………………………29
　(3)　監査等委員会の職務および権限……………………………………32
　(4)　取締役会による業務執行……………………………………………34
　(5)　報　　酬………………………………………………………………35
3　監査役会設置会社………………………………………………………37
　(1)　監査役の選任、解任…………………………………………………37
　(2)　監査役会の組織………………………………………………………39

4

⑶ 監査役・監査役会の職務および権限	41
⑷ 取締役会による業務執行	43
⑸ 報　　酬	45

4 指名委員会等設置会社 47

⑴ 各委員会の委員の選任、解任	47
⑵ 各委員会の組織	49
⑶ 各委員会の職務および権限	50
⑷ 取締役会・執行役による業務執行	53
⑸ 報　　酬	54

第3章 地方銀行のコーポレートガバナンス戦略 55

1 地方銀行のコーポレートガバナンス戦略 56

⑴ 機関設計	56
⑵ キーパーソンとしての独立社外取締役	64
⑶ 指名・報酬諮問委員会の活用	70

2 地方銀行のコーポレートガバナンス戦略の実践 74

⑴ 監査等委員会設置会社に移行した銀行	74
⑵ 監査等委員会設置会社に移行する場合の留意点	76
⑶ 移行に向けての具体的準備	78
⑷ 移行の実務	85
⑸ 移行後の監査実務	93
⑹ その他の留意事項	104

第4章 ステークホルダーとの対話 117

1 機関投資家との対話 118

⑴ スチュワードシップ・コードの改訂	118

目　次　5

⑵　議決権行使結果の公表……………………………………………… 119

⑶　議決権電子行使プラットフォームの活用……………………… 120

⑷　会社説明会（IR）…………………………………………………… 121

2　一般株主に応える…………………………………………………… 123

⑴　株主総会招集通知…………………………………………………… 123

⑵　株主総会の運営……………………………………………………… 124

⑶　株主総会以外での対話…………………………………………… 125

3　その他のステークホルダーと向き合う………………………… 126

⑴　職員との協働………………………………………………………… 126

⑵　地域社会との共生………………………………………………… 127

⑶　当局との対話………………………………………………………… 128

第5章　会計監査人との付き合い方　　131

1　総　　説……………………………………………………………… 132

⑴　会計監査人設置義務………………………………………………… 132

⑵　会計監査人による監査業務……………………………………… 133

⑶　会計監査人の独立性および責任………………………………… 134

2　会計監査人の選任、解任………………………………………… 135

⑴　選解任方針の決定…………………………………………………… 135

⑵　会計監査人監査の相当性評価…………………………………… 135

⑶　会計監査人の選解任決議………………………………………… 137

3　監査計画と監査報酬……………………………………………… 139

⑴　監査および四半期レビュー計画………………………………… 139

⑵　報酬決定と報酬同意………………………………………………… 140

⑶　会計監査人との連携………………………………………………… 141

4　監査法人の組織的な運営に関する原則

　　（監査法人のガバナンス・コード）……………………………… 142

(1) 「監査法人の組織的な運営に関する原則」導入の背景 ………… 142

(2) 監査法人のガバナンス・コードの概要 …………………………… 142

(3) コード遵守状況の監査 ……………………………………………… 145

5 会計監査の改正に向けた議論 ………………………………………… 146

(1) 監査報告書の透明化 ………………………………………………… 146

(2) 会計監査人の交代（ローテーション）制 ……………………… 148

第6章 コーポレートガバナンス・コード対応 151

1 株主の権利・平等性の確保 …………………………………………… 152

2 株主以外のステークホルダーとの適切な協働 …………………… 161

3 適切な情報開示と透明性の確保 …………………………………… 166

4 取締役会等の責務 ……………………………………………………… 170

5 株主との対話 …………………………………………………………… 195

第7章 銀行法および監督指針とコーポレートガバナンス 199

1 銀 行 法 ………………………………………………………………… 200

(1) 機関設計および役員に関する規制 ……………………………… 200

(2) 銀行グループの経営管理 ………………………………………… 202

2 監督指針等の金融行政 ………………………………………………… 204

(1) 監督指針 ……………………………………………………………… 204

(2) 金融検査マニュアル ……………………………………………… 211

(3) 平成29事務年度金融行政方針 ………………………………… 213

終 章 某地方銀行頭取の独白 215

社外取締役である監査等委員の独白

※以下の独白は、フィクションであることをお断りいたします。

■自己紹介

　私は、50代の弁護士です。東京の中規模の法律事務所でパートナーを務めており、30年近いキャリアがあります。当事務所は銀行などの上場企業との間で顧問契約を交わして企業法務と呼ばれる分野の業務を行っています。私は、現在上場企業の社外監査役のほか未上場企業の社外取締役および某地方銀行の監査等委員である社外取締役に就任しています。なお、某地方銀行と私または当事務所との間に顧問契約はございません。

■某地方銀行

　私が監査等委員に就任している某地方銀行（以下「当行」という）は、東京から離れています。自宅から当行の本店までドアツードアで5時間から6時間程度かかると思います。当行の規模は中規模であり、県内ナンバーワンの金融機関です。

■経営諮問委員会

　当行には、10年以上前から経営諮問委員会という名称の代表取締役、常勤監査役および数名の社外有識者を構成員とする任意の委員会があり、経営上の課題、法務・コンプライアンスの最新動向または財務会計上の問題などをテーマに半期に一度議論していました。私も数年前から委員に選任され、年2回当行にて、役員や社外有識者の皆様と意見交換等をしていました。私の立場は、当行からみて公正中立な第三者であると考えています。

■監査等委員会設置会社への移行

　平成26年に会社法が改正され、監査等委員会設置会社が新設されました。改正法は翌年5月1日に施行され、あわせて同年6月1日には、金融庁と東京証券取引所がコーポレートガバナンス・コードを採用しました。平成26年下期の経営諮問委員会において、私が改正会社法の説明を行い、監査等委員会設置会社への移行を提言いたしました。私が監査等委員会設置会社への移行を提言した理由は、コーポレートガバナンスにおいて、監査役会設置会社よりも優れていると考えたからです。具体的には、監査等委員が取締役であることから、取締役会において議決権を行使できること、監査役と異なり独任制の機関ではないものの、内部統制部門を使って組織監査ができること、会社法における究極のモニタリング・モデル（取締役会が監督機関に徹することを旨とする制度）である指名等委員会設置会社のように、指名決定権限と報酬決定権限はないものの、指名と報酬に関する意見を株主総会において陳述できるなどのメリットがあるからです。また、任意の指名と報酬に関する諮問委員会を設置することで、指名等委員会設置会社へ近づけることも可能となります。加えて、定款を変更することによって会社法で除外された事項以外の重要な業務執行の決定権を代表取締役等に委任することができるのです。

　当行の頭取ら経営陣は、私の提言を受け入れてくださり、平成27年6月の定時株主総会において、定款変更等の議案を上程し、可決されました。そして、私も独立社外取締役として監査等委員に選任されたのです。

■監査等委員会の構成等

　監査等委員会は、当行出身者がお二人と社外取締役4名から構成されています。当行出身者のお一人は従前常勤監査役だった方です。監査等委員会の主たる職務は、取締役の職務執行行為の監査ですから、監査役だった方がおられることによって継続性を維持できますし、行内の事情と従前の会計監査と業務監査をよくご存知の方がおられることはこのうえなく心強いです。ま

た、当行出身のもうお一人の委員は、3月末日まで県南の営業部門本部長を
されていた取締役であり、監査業務については、取締役になる以前に監査部
のご経験があります。

　私以外の社外取締役の監査等委員は、隣接する大都市の私立大学で社会学
（ジェンダー論）を専攻している教授（40代女性）、東京在住の大手監査法人
（当行の会計監査人ではない別の大手監査法人）OBの公認会計士（60代男性）、
地元出身で電力会社代表取締役経験者（60代男性）の4人です。

■**取締役会の事前準備**

　監査等委員会は、取締役会開催日の午後に開催されます。取締役会は、毎
月25日が原則であり、土日祝日の場合は翌営業日に開催します。しかし、社
外取締役である監査等委員は取締役会の前日15時に本店に集合し、翌日の取
締役会にて決議される事項および審議される事項について、所管部から資料
を使った説明があります。資料は会日の3日前には届きますが、決議事項
は、議決権を行使しなければならないので、資料を読んだだけでは責任のあ
る議決権行使ができないため、前日にレクチャーを受けるわけです。また、
審議事項については、通常業務執行担当の取締役が報告する事項ですが、単
に報告に終わらず、社外取締役である監査等委員を中心に全取締役が報告さ
れた事項について審議するという意味合いで審議事項と呼んでいます。前日
は、15時から18時頃まで休憩を2回程度挟んで所管部から説明を受けます。

　私は、東京在住なので本店所在地のホテルに前泊します。東京在住者であ
る公認会計士の方も前泊されるので、監査等委員で時間のある方とは夕食を
ご一緒することにしています。監査等委員間のコミュニケーションを図るこ
とも円滑な職務執行のうえでは大事だからです。

■**常務会への出席**

　当行では、取締役会の前に8時半から常務会が開催されます。監査等委員
会設置会社に移行したことに伴い、定款を変更して業務執行に関する意思決

定のすべてを取締役会で行う必要がなくなったからです。日常的な業務執行に関する意思決定の多くは、常務会でなされます。常務会は、その名のとおり、常務取締役以上の取締役（専務取締役・副頭取・頭取・会長）から構成される合議体であり、業務執行に関する意思決定を行います。常務会は、原則として毎週開催されますが、取締役会と同日に開催される常務会には、監査等委員全員が立ち合うことにしています。常務会に立ち合うことによって、業務執行に関する意思決定の過程、特にどのような議論がされたうえで決定されるかがみえるので、監査等委員の職務にとってきわめて有用な機会であると考えています。

■取締役会における審議等

　取締役会では、前日所管部から受けた説明を前提に、質疑応答が重ねられます。私は、弁護士ですから、議案や審議事項に関する法的な問題点等について、疑問があれば積極的に発言をします。また、コーポレートガバナンス・コードをすべてコンプライしているところから、コーポレートガバナンス・コードを意識した発言を行うことがあります。取締役会の所要時間は、10時から12時頃までかかることが多いです。

■監査等委員会における審議等

　取締役会後、昼食を挟んで13時から監査等委員会がスタートします。監査等委員会は、監査役と異なり、独任制ではなく、組織監査が前提ですから、内部監査部門との連携が必須です。そこで、当行における内部監査部門である監査部の部長および副部長、その他担当者が出席し、内部監査を含む内部統制の実施状況を説明します。この説明に必要な資料も事前に自宅に送られてきます。さらに、当行では監査等委員全員にタブレット端末が無償貸与されており、あらゆる稟議事項にアクセスすることが可能です。

　監査等委員会の所要時間も２時間程度だと思います。夕方に帰途につきますから、帰宅するのは22時頃でしょうか。

■経営諮問委員会

当行は、指名委員会等設置会社ではありませんが、取締役の指名と報酬を検討する任意の経営諮問委員会を設置しています。

経営諮問委員会の構成員は、行内から代表取締役頭取と同会長、社外取締役である監査等委員4人全員です。そして、議長は最も年長の社外取締役が務めています。

任意の委員会を設置して取締役の候補者や監査等委員以外の取締役の報酬を定めることに抵抗のある経営者もいると思いますが、当行の経営諮問委員会の重点は、代表取締役が提示した取締役の候補者自身の当否よりも、どのような選考基準や過程を経て、代表取締役がその方を候補者としたのかを検証することにあります。つまり、委員会が候補者に面談をしてその方の資質等をみるのではなく、代表取締役の選考基準や選考過程に問題はないかを検討するのです。報酬についても、同様にその基準と過程に合理性があるかという点を検証することになります。

わが国の企業では、従来、代表取締役の専権事項のようでしたが、コーポレートガバナンス・コードによって、新たな試みが実施されることになりました。それゆえ、このような委員会による検討に慣れていませんから、課題は多くあると思いますが、透明性と公正さという観点からすれば、推奨できる制度だと思っています。もちろん、代表取締役がお考えになっている取締役候補者や報酬に問題があることは少ないでしょうから、委員会によって覆されることはほとんどないと思われます。また、固定報酬などは従前から各銀行で積み上げてきた実績があるでしょうから、覆されることはないでしょう。

■独立社外取締役の課題

コーポレートガバナンス・コードの原則4-7（独立社外取締役の役割・責務）によれば、独立社外取締役には、助言機能と監督機能が求められています。助言機能については、「経営の方針や経営改善について、（略）会社の持続的な成長を促し中長期的な企業価値の向上を図る、との観点から助言を行

序章　社外取締役である監査等委員の独白　5

うこと」とされています。また、監査等委員会設置会社では、会社法399条の13第1項1号イ・2項によって、取締役会において「経営の基本方針」を決定しなければならないとされています。したがって、独立社外取締役は、経営陣の提出した中期経営計画等を検証し、決議された経営計画等の実績を評価しなければなりません。その過程で助言機能を果たす役割があります。

ところで、現在の地方銀行は、日銀のマイナス金利の影響で事業貸付によって、収益をあげることが困難であり、個人ローンやアパートローンなども当局によって批判にさらされるという厳しい状況にあります。これに対し、メガバンクグループは、国内業務が厳しいことを前提に、ITやAIを活用して体力のあるうちに、定型的な事務作業などの業務を大幅に効率化し、3メガバンク全体で今後3万人以上の事務を削減するとされています。このような状況のなかで、大胆なリストラを経営計画に盛り込まないとすれば、近い将来最悪の事態に追い込まれる地方銀行も出てくると思われます。私は、会社経営者ではありませんが、独立社外取締役に助言機能が求められている以上、そして、現在のような状況下において、経営側が提出する経営計画等を適切に検証・評価できるかということに思い悩んでいるところです。

■地方銀行と監査等委員会設置会社

地方銀行にとって監査等委員会設置会社に移行するハードルは高くないと考えています。監査等委員会設置会社では、独立性の高い社外取締役を確保することが肝要ですが、交通および通信手段の発達によって、地方と東京などの大都市圏との距離は短縮しています。資料は、事前にインターネット経由で届けられますし、物理的に地方に身を置くことも月に2日間で足ります。現役の上場会社の代表者等では、地方銀行の社外取締役に就任することが困難かもしれませんが、現役を外れた方や監査法人OBの公認会計士の方などであれば、東京の方でも対応可能でしょう。

今後、より多くの地方銀行が監査等委員会設置会社に移行されるものと期待しています。

第1章

コーポレートガバナンス入門

コーポレートガバナンスとは

(1) コーポレートガバナンスの意義

　コーポレートガバナンスは、「企業統治」と邦訳されている言葉です。会社法に依拠する株式会社である銀行は、株主が出資して社員（構成員という意味であり、従業員ではありません）の地位を得ていますから、株式会社では株主がオーナーとなっています。

　株式会社における統治制度は、民主主義国家に類似しています。株主を国民に見立てれば、国民が選挙で国会議員を選出するように、株主が株主総会で取締役等の役員を選任し、取締役が取締役会を構成し、国会で総理大臣が選ばれるように、取締役会によって代表取締役が選定され、代表取締役が業務執行権を行使して、企業経営をしているのです。

　このように、株式会社では株主が主役ですから、代表取締役等の役員は、株主の利益を実現すべきであり、会社は役員や従業員のための組織ではありません。ただし、このような株主による自己統治論は、一昔前の企業統治論であり、平成27年6月に東京証券取引所からコーポレートガバナンス・コード（以下「CGコード」ともいう）が公表されてからは、その内容が進化しています。すなわち、コーポレートガバナンス・コードの前文には次のような記述がされているのです（下線は筆者による）。

　<u>本コードにおいて、「コーポレートガバナンス」とは、会社が、株主をはじめ顧客・従業員・地域社会等の立場を踏まえた上で、透明・公正かつ迅速・果断な意思決定を行うための仕組みを意味する。</u>

　つまり、株主のみならず顧客、従業員、地域社会等も会社において重要な利害関係を有しているので、これらの者も含めてステークホルダー（利害関

係人）の立場をふまえるべきであるとされたのです。

　銀行の取締役等の経営陣におかれては、銀行の株主の利益を最重視しつつも、その他のステークホルダーの利益にも配慮した経営が期待されていることをよく理解すべきでしょう。

⑵　コーポレートガバナンスの重要性

　銀行のような上場企業にとって、コーポレートガバナンスは、きわめて重要な課題です。コーポレートガバナンスを適切に実現できていないと判断された企業では、株主総会における取締役の選任議案等で反対票が多くなる可能性が高く、株主総会においても株主から厳しい質問等がなされることになるでしょう。

　特に、上場企業における不祥事件が多発している昨今では、コーポレートガバナンスの重要な要素である内部統制システムが機能していない企業では、多額の損害や重大な風評リスクにさらされて、最悪の場合、上場を継続できないことも考えられます。

第1章　コーポレートガバナンス入門　9

2 金融庁および証券取引所による コーポレートガバナンスの整備

(1) コーポレートガバナンス・コードの策定および改訂

① 背 景 等

　誤解をおそれずに述べれば、コーポレートガバナンス・コードはいわば国策によって導入されました。なぜなら、安倍晋三内閣が掲げる「『日本再興戦略』改訂2014―未来への挑戦―」に基づいて、平成26年8月に創設された「コーポレートガバナンス・コードの策定に関する有識者会議」（以下「有識者会議」という。この会議体の事務局が金融庁と東京証券取引所でした）が、同年12月に原案を公表して、パブリックコメントに付した後、同27年3月に策定され、同年6月1日に適用が開始されたからです。上場会社にきわめて重大な影響を与えるCGコードがこのようなスピードで策定されたことは、同コードがアベノミクスにおける重要な課題であることにほかならないと考えられます。

② 特 質

ⅰ) 法的性質と適用対象

　CGコードは、東京証券取引所に代表される金融商品取引法上の金融商品取引所の有価証券上場規程にすぎず、国家が定める法令ではありません。すなわち、法律のようなハードローではなく、私的な団体が定めたルールであるソフトローにすぎないわけです。

　それゆえ、その適用対象とされる会社も東京証券取引所等の株式市場に上場している企業に限られています。多くの地方銀行は、東京証券取引所第一

部上場企業ですが、最近は銀行持株会社も増加していますから、持株会社のみが上場し、個々の銀行が非上場ということもあります。このような場合には、個々の銀行には CG コードが適用されるわけではありませんが、同コードの原則を実施することは自由ですから、非上場の銀行も任意に CG コードを実施しています。

　なお、東京証券取引所第一部または第二部（本則市場）に上場している企業には、後記 CG コードの補充原則を含むすべての原則が適用されますが、マザーズや JASDAQ などに上場している企業には 5 つの基本原則のみ適用されることになっています。

ⅱ）プリンシプルベース・アプローチ（原則主義）

　CG コードは、プリンシプルベース・アプローチ（原則主義）を採用しています。原則主義とは、細かなルールを定めて、それを遵守させるルールベース・アプローチ（細則主義）の反対概念です。すなわち、一見、抽象的で大掴みな原則（プリンシプル）について、関係者がその趣旨・精神を確認し、互いに共有したうえで、自らの活動が形式的な文言・記載ではなく、その趣旨・精神に照らして真に適切か否かを判断して、実施するというものです。

　銀行に対する監督行政の手法としても、近年細則主義から原則主義に転換されており、金融庁の監督を受けている銀行にとってはなじみの考え方となっています。

　細則主義では、細かなルールが与えられており、これを徹底して遵守すれば足りるわけですが、原則主義のもとでは、上場会社各自が独自の視点から、当該原則をどのように実現するかが問われることになります。

ⅲ）コンプライ・オア・エクスプレイン（実施または説明）

　CG コードがプリンシプルベース・アプローチを採用しても、上場会社はすべての原則を実施しなければならないことにはなりません。

　もちろん、CG コードで示された原則を実施すること（コンプライ）に問題はありませんが、他方で実施しない自由もあるのです。ただし、実施しな

第 1 章　コーポレートガバナンス入門　11

い場合には、なぜ実施しないのかという理由を説明しなければなりません。これがエクスプレインです。

③　機　　能

前記のとおり、CGコード前文冒頭には、同コードの意味づけが明示されています。それは以下のとおりです（下線は筆者による）。

<u>本コードにおいて、「コーポレートガバナンス」とは、会社が、株主をはじめ顧客・従業員・地域社会等の立場を踏まえた上で、透明・公正かつ迅速・果断な意思決定を行うための仕組みを意味する。</u>

そして、ここからコーポレートガバナンスの2つの機能を導くことができると解されています[1]。

第一に、「透明・公正な意思決定を行うための仕組み」は、「守りのガバナンス」であり、「迅速・果断な意思決定を行うための仕組み」が「攻めのガバナンス」であると評価され、この2つが上場会社経営のブレーキとアクセル（松山遙弁護士はエンジンと表しています）になると解されるのです。すなわち、「透明・公正な意思決定」は、意思決定過程を外部に開示し監督できるようにして、不適切ないし違法な意思決定を排除することであり、「迅速・果断な意思決定」は、上場会社の経営者が果敢な攻めの経営をすみやかに行うための意思決定ができる環境等の整備等を行うことにより、当該企業の持続的な成長と中長期的な企業価値の向上を実現することを可能とするものです。

④　改　　訂

CGコードと後記スチュワードシップ・コードについては、平成27年8月7日、金融庁および東京証券取引所を事務局とする「スチュワードシップ・コード及びコーポレートガバナンス・コードのフォローアップ会議」（以下

1　松山遙『コーポレートガバナンスハンドブック』4頁（商事法務・平成29年）

図表1-1　コーポレートガバナンス・コード図

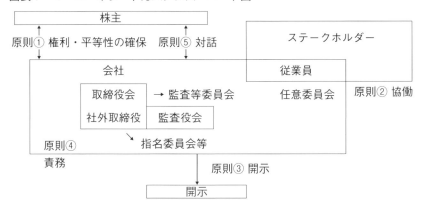

「フォローアップ会議」という）が設置されています。

　フォローアップ会議では、平成29年10月から同30年3月まで5回にわたり、CGコードの改訂について議論をしました。その結果、フォローアップ会議は、平成30年3月26日に「コーポレートガバナンス・コードの改訂と投資家と企業の対話ガイドラインの策定について」を公表しました。そして、フォローアップ会議の報告に基づき、東京証券取引所は、平成30年3月30日にCGコードの改訂案を公表し、同年4月29日までパブリックコメントに付したうえ確定させて、CGコードの改訂版が同年6月1日に実施されました。なお、個別の改訂事項については、第6章において説明いたします。

⑤　概　　要

ⅰ）総　　説

　CGコードの構造は、5分野にわたる基本原則があり、各分野に合計31の原則があって、その下に42の補充原則があるという階層的なものとなっています。ここでは基本原則を中心に、その概要を説明します（図表1-1参照）。

ⅱ) 株主の権利・平等性の確保

【基本原則1】

> 　上場会社は、株主の権利が実質的に確保されるよう適切な対応を行うとともに、株主がその権利を適切に行使することができる環境の整備を行うべきである。
> 　また、上場会社は、株主の実質的な平等性を確保すべきである。
> 　少数株主や外国人株主については、株主の権利の実質的な確保、権利行使に係る環境や実質的な平等性の確保に課題や懸念が生じやすい面があることから、十分に配慮を行うべきである。

　基本原則1の考え方としては、「株主はコーポレートガバナンスの規律における主要な起点でもあ」り、「上場会社には、株主が有する様々な権利が実質的に確保されるよう、その円滑な行使に配慮することにより、株主との適切な協働を確保し、持続的な成長に向けた取組みに邁進することが求められる」とされています。

　加えて、「上場会社は、自らの株主を、その有する株式の内容及び数に応じて平等に取り扱う会社法上の義務を負っているところ、この点を実質的にも確保していることについて広く株主から信認を得ることは、資本提供者からの支持の基盤を強化することにも資するものである」とされています。

　基本原則1において上場会社に求められる事項は、株主の権利が確保されるための対応を怠らず、かつ株主の実質的な平等を確保し、少数株主や外国人株主に配慮すべきことです。

　基本原則1の下には、「株主の権利の確保（原則1－1）」「株主総会における権利行使（原則1－2）」「資本政策の基本的な方針（原則1－3）」「政策保有株式（原則1－4）」「いわゆる買収防衛策（原則1－5）」「株主の利益を害する可能性のある資本政策（原則1－6）」「関連当事者間の取引（原則1－7）」が明示されています。

ⅲ）　株主以外のステークホルダーとの適切な協働

【基本原則2】

> 　上場会社は、会社の持続的な成長と中長期的な企業価値の創出は、従業員、顧客、取引先、債権者、地域社会をはじめとする様々なステークホルダーによるリソースの提供や貢献の結果であることを十分に認識し、これらのステークホルダーとの適切な協働に努めるべきである。
> 　取締役会・経営陣は、これらのステークホルダーの権利・立場や健全な事業活動倫理を尊重する企業文化・風土の醸成に向けてリーダーシップを発揮すべきである。

　基本原則2の考え方としては、「株主以外にも重要なステークホルダーが数多く存在する」ことを前提に、「上場会社は、自らの持続的な成長と中長期的な企業価値の創出を達成するためには、これらのステークホルダーとの適切な協働が不可欠であることを十分に認識すべきであ」り、「近時のグローバルな社会・環境問題等に対する関心の高まりを踏まえれば、いわゆるESG（環境、社会、統治）問題への積極的・能動的な対応をこれらに含めることも考えられる」とされています。

　基本原則2において上場会社に求められる事項は、地域社会を含むステークホルダーとの適切な協働、取締役会・経営陣がステークホルダーの権利・立場や健全な事業活動倫理を尊重する社風を醸成すべきであることです。

　特に、地方銀行においては、顧客の権利や立場を尊重し、地方公共団体を含む地域社会との適切な協働が求められていると解されます。

　基本原則2の下には、「中長期的な企業価値向上の基礎となる経営理念の策定（原則2-1）」「会社の行動準則の策定・実践（原則2-2）」「社会・環境問題をはじめとするサステナビリティーを巡る課題（原則2-3）」「女性の活躍促進を含む社内の多様性の確保（原則2-4）」「内部通報（原則2-5）」「企業年金のアセットオーナーとしての機能発揮（原則2-6）」が明示

されています。このうち、原則2-5については、第6章において補充原則を含めて説明します。

ⅳ）適切な情報開示と透明性の確保

【基本原則3】

> 　上場会社は、会社の財政状態・経営成績等の財務情報や、経営戦略・経営課題、リスクやガバナンスに係る情報等の非財務情報について、法令に基づく開示を適切に行うとともに、法令に基づく開示以外の情報提供にも主体的に取り組むべきである。
>
> 　その際、取締役会は、開示・提供される情報が株主との間で建設的な対話を行う上での基盤となることも踏まえ、そうした情報（とりわけ非財務情報）が、正確で利用者にとって分かりやすく、情報として有用性の高いものとなるようにすべきである。

　基本原則3の考え方としては、「上場会社は、法令に基づく開示以外の情報開示にも主体的に取り組むべきであ」り、「いわゆる非財務情報を巡っては、ひな型的な記述や具体性を欠く記述となっており付加価値に乏しい場合が少なくない、との指摘もある。取締役会は、こうした情報を含め、開示・提供される情報が可能な限り利用者にとって有益な記載となるよう積極的に関与を行う必要がある」とされています。

　基本原則3において上場会社に求められる事項は、法令に基づく開示を適切に行い、法令に基づく開示以外の情報開示にも主体的に取り組み、特に取締役会は非財務情報が株主等のステークホルダーにとって有用となるように努めることです。

　基本原則3の下には、「情報開示の充実（原則3-1）」「外部会計監査人（原則3-2）」が明示されています。

16

ⅴ） 取締役会等の責務

【基本原則4】

> 　上場会社の取締役会は、株主に対する受託者責任・説明責任を踏ま
> え、会社の持続的成長と中長期的な企業価値の向上を促し、収益力・資
> 本効率等の改善を図るべく、
> ⑴　企業戦略等の大きな方向性を示すこと
> ⑵　経営陣幹部による適切なリスクテイクを支える環境整備を行うこと
> ⑶　独立した客観的な立場から、経営陣（執行役及びいわゆる執行役員を
> 　　含む）・取締役に対する実効性の高い監督を行うこと
> をはじめとする役割・責務を適切に果たすべきである。
> 　こうした役割・責務は、監査役会設置会社（その役割・責務の一部は監
> 査役及び監査役会が担うこととなる）、指名委員会等設置会社、監査等委
> 員会設置会社など、いずれの機関設計を採用する場合にも、等しく適切
> に果たされるべきである。

　基本原則4の「取締役会等の責務」については、第6章4において詳しく
説明します。

ⅵ） 株主との対話

【基本原則5】

> 　上場会社は、その持続的な成長と中長期的な企業価値の向上に資する
> ため、株主総会の場以外においても、株主との間で建設的な対話を行う
> べきである。
> 　経営陣幹部・取締役（社外取締役を含む）は、こうした対話を通じて
> 株主の声に耳を傾け、その関心・懸念に正当な関心を払うとともに、自
> らの経営方針を株主に分かりやすい形で明確に説明しその理解を得る努
> 力を行い、株主を含むステークホルダーの立場に関するバランスのとれ

第1章　コーポレートガバナンス入門　17

> た理解と、そうした理解を踏まえた適切な対応に努めるべきである。

　基本原則5の考え方としては、「上場会社にとっても、株主と平素から対話を行い、具体的な経営戦略や経営計画などに対する理解を得るとともに懸念があれば適切に対応を講じることは、経営の正統性の基盤を強化し、持続的な成長に向けた取組みに邁進する上で極めて有益である」とされています。

　基本原則5において上場会社に求められる事項は、株主総会以外においても、株主との間で建設的な会話を行うこと、株主との対話を通じて株主の声に耳を傾け、自らの経営方針を株主にわかりやすく明確に説明し、株主を含むステークホルダーの立場に関する理解と、その理解をふまえた適切な対応に努めることです。

　基本原則5の下には、「株主との建設的な対話に関する方針（原則5－1）」「経営戦略や経営計画の策定・公表（原則5－2）」が明示されています。

⑵　スチュワードシップ・コードの策定と改訂

①　スチュワードシップ・コードの意義

　平成26年2月、金融庁から「『責任ある機関投資家』の諸原則《日本版スチュワードシップ・コード》～投資と対話を通じて企業の持続的成長を促すために～」が策定されて公表されました。これがスチュワードシップ・コード（以下「SSコード」ともいう）です。

　SSコードの意義は、機関投資家に受託者としての「スチュワードシップ責任」を果たさせることにあります。すなわち、機関投資家が上場会社と「目的を持った対話」（エンゲージメント）を行い、当該上場会社の持続的成長と中長期的な企業価値の向上を実現させ、顧客・受益者の中長期的な投資リターンの拡大を図るという責任を果たすわけです。したがって、SSコー

ドは、機関投資家が、顧客・受益者と投資先企業の双方を視野に入れ、「責任ある機関投資家」として当該「スチュワードシップ責任」を果たすにあたり有用と考えられる諸原則を定めているのです。

SSコードは、機関投資家向けのソフトローであり、CGコード同様「コンプライ・オア・エクスプレイン」とされています。

SSコードとCGコードとの関係は、「車の両輪」であると考えられています。すなわち、CGコードが上場会社自体に対する原則であるのに対し、SSコードは機関投資家に対する原則であるものの、いずれもその目的とするところは、上場会社の持続的成長と中長期的な価値の向上にあるからです。

なお、平成30年2月19日現在で、SSコードを受け入れている機関投資家は221社あります。

② 概　　要

SSコードは、7原則を定めていますが、その内容は以下のとおりです。

　投資先企業の持続的成長を促し、顧客・受益者の中長期的な投資リターンの拡大を図るために、

1　機関投資家は、スチュワードシップ責任を果たすための明確な方針を策定し、これを公表すべきである。

2　機関投資家は、スチュワードシップ責任を果たす上で管理すべき利益相反について、明確な方針を策定し、これを公表すべきである。

3　機関投資家は、投資先企業の持続的成長に向けてスチュワードシップ責任を適切に果たすため、当該企業の状況を的確に把握すべきである。

4　機関投資家は、投資先企業との建設的な「目的を持った対話」を通じて、投資先企業と認識の共有を図るとともに、問題の改善に努めるべきである。

5　機関投資家は、議決権の行使と行使結果の公表について明確な方針

第1章　コーポレートガバナンス入門　19

を持つとともに、議決権行使の方針については、単に形式的な判断基準にとどまるのではなく、投資先企業の持続的成長に資するものとなるよう工夫すべきである。

6　機関投資家は、議決権の行使も含め、スチュワードシップ責任をどのように果たしているのかについて、原則として、顧客・受益者に対して定期的に報告を行うべきである。

7　機関投資家は、投資先企業の持続的成長に資するよう、投資先企業やその事業環境等に関する深い理解に基づき、当該企業との対話やスチュワードシップ活動に伴う判断を適切に行うための実力を備えるべきである。

SSコードは、上記7原則のもとに指針が明示されています。

③　改　　訂

平成29年1月25日、金融庁は「スチュワードシップ・コードに関する有識者会議」を発足させ、同年3月28日に改訂案が公表され、パブリックコメントに付された後、同年5月29日に確定しています（以下「改訂版」という）。

改訂版の概要は、次のとおりです[2]。

ⅰ）原則1の下に「アセットオーナーによる実効的なチェック」を内容とする「指針1－3」「指針1－4」「指針1－5」が加えられています。

ⅱ）原則2に関する「運用機関のガバナンス・利益相反管理」に追加事項があります。「指針2－2」に追加的修正がなされ、新たに「指針2－3」と「指針2－4」が追加されています。

ⅲ）原則3の「指針3－3」について「ESG要素の考慮」が明記されています。

ⅳ）原則4の「指針4－2」が「パッシブ運用における対話や議決権行使」

---

[2]　田原泰雅・染谷浩史・安井桂大「スチュワードシップ・コード改訂の解説」商事法務2138号15頁以下に改訂版の詳しい説明があります。

等に修正されています。

ⅴ）　原則4について「指針4－4」（集団的エンゲージメント）が加えられています。

ⅵ）　原則5の「指針5－3」（議決権行使結果の公表の充実）が大幅に追加修正されています。

ⅶ）　原則5に「指針5－5」として、議決権行使助言会社に関する規律が加えられています。

　これら改訂内容のうち、上場会社のコーポレートガバナンスに最も影響を与えそうな事項は、「議決権行使結果の公表の充実」でしょう。SSコード改訂版にて追加された指針5－3の内容は次のとおりです。

【指針5－3】

> 　機関投資家は、議決権の行使結果を、少なくとも議案の主な種類ごとに整理・集計して公表すべきである。
>
> 　また、機関投資家がスチュワードシップ責任を果たすための方針に沿って適切に議決権を行使しているか否かについての可視性をさらに高める観点から、機関投資家は、議決権の行使結果を、個別の投資先企業及び議案ごとに公表すべきである。それぞれの機関投資家に置かれた状況により、個別の投資先企業及び議案ごとに議決権の行使結果を公表することが必ずしも適切でないと考えられる場合には、その理由を積極的に説明すべきである。
>
> 　議決権の行使結果を公表する際、機関投資家が議決権行使の賛否の理由について対外的に明確に説明することも、可視性を高めることに資すると考えられる。

　改訂前のSSコードにおいても、「議決権行使結果の充実」が指針5－3として明記されていましたが、不十分であるとの指摘などがされていました。そこで、改訂版は、原則として個別の投資先企業および議案ごとに議決

第1章　コーポレートガバナンス入門　21

権行使結果を公表すべきであるとされました。個別の投資先企業の議案ごと
というのは、たとえば、A社の取締役選任議案であれば、個々の取締役候補
者に対する賛否を意味しています。

　議決権行使結果の充実に係る改訂のコーポレートガバナンスに対する影響
として、会社提案議案に対する「反対票」が増加し（その結果、会社提案議
案が「否決」される可能性が高まる）、他方で、株主提案議案については、株
主の「顔」ではなく、その「内容」から賛否が決せられ、「賛成票」が増加
する（その結果、株主提案議案が「可決」される可能性が高まる）ことが指摘さ
れています[3]。

⑶　フォローアップ会議

　SS コードと CG コードについては、平成27年 8 月 7 日、フォローアップ
会議が設置されました。

　フォローアップ会議の目的は、上場会社全体のコーポレートガバナンスの
さらなる充実に向けて、必要な施策を議論し提言することにあり、平成30年
3 月までに 4 通の意見書が公表されています。

　加えて、前記 SS コードと CG コードの改訂は、フォローアップ会議が平
成28年11月および同30年 3 月に公表した意見書を端緒としていますから、同
会議の審議内容については今後も注視すべきでしょう。

3　塚本英巨「金融機関における今後の株主総会に向けた対応─主にガバナンス強化の観
　点から─」金融法務事情2077号25頁

第2章

コーポレートガバナンスに対応する機関設計

1 総　説

　会社法上、株式会社はさまざまな機関設計を選択できるとされています
が、銀行の場合は、銀行法において、取締役会、会計監査人のほかに、「監
査役会、監査等委員会又は指名委員会等」を設置することが義務づけられて
おり（銀行法4条の2）、実際にはこれら3つのなかから選択して定款に定め
ることにより（会社法326条2項）、機関設計を行うこととなります[1]。これら
の機関は、いずれも取締役（指名委員会等設置会社の場合は執行役）の職務執
行の監査や監督を行うための機関ですが、その法律上の地位や具体的な権限
等は機関によって異なっています。

　監査等委員会設置会社が平成26年の会社法改正によって新設される前は、
銀行は、監査役会設置会社と委員会設置会社（現在の「指名委員会等設置会
社」）のうちいずれかを選択する必要がありました。

　このうち、わが国において広く採用されていた監査役会の制度は、会社の
業務の執行を行う取締役と、その監査を行う監査役の差異が明確になってい
る一方で、監査役会は外国人投資家にとってはなじみが薄い制度であって十
分に理解されにくいという欠点がありました。また、監査役は、取締役会に
おける議決権を有していないため、その監査の結果を経営に適切に反映でき
るのかという点には一定の限度がありました。

　一方で、指名委員会等設置会社は、取締役会において選任された執行役が
業務執行を行い、取締役を構成員とする各委員会が業務執行をモニタリング

1　なお、監査等委員会設置会社、指名委員会等設置会社は、いずれも監査役を置くこと
　　はできないため（会社法327条4項）、監査役により構成される監査役会も設置すること
　　ができません。また、指名委員会等設置会社は、監査等委員会を置くこともできないた
　　め（同条6項）、これら3つの機関のうち複数の機関を併用することはできず、銀行は、
　　監査役会、監査等委員会または指名委員会等のうち、いずれか1つのみを選択すること
　　となります。

図表2－1　各制度の概要

> ○監査役会設置会社……従来多くの銀行が採用していた形態
> 　・わが国の経営者、投資家になじみが深い
> 　・業務執行を行う取締役と監査を行う監査役の違いが明確
> 　一方で……
> 　・外国人投資家にとってなじみが薄い
> 　・取締役会の議決権を有しないため、一定の限界

↓

> ○監査等委員会設置会社……最近多くの銀行が採用し始めた形態
> 　・広範な業務執行決定の委任により機動的な業務執行が可能
> 　・外国人投資家の評価を得やすい形態
> 　・役員人事や報酬の決定権は取締役会の権限として残される

↓

> ○指名委員会等設置会社……最終的に目指すべきといわれる形態？
> 　・広範な業務執行の決定の委任により機動的な業務執行が可能
> 　・外国人投資家の評価を得やすい形態
> 　一方で……
> 　・役員人事や報酬決定に取締役会が関与せず、わが国の慣行と異なる

するという制度ですが、執行役への広範な業務執行の決定の委任による機動的な業務執行を可能としている点に加え、諸外国で採用されている機関設計に類似しており、外国人投資家の評価を得やすい会社形態であることから、上場会社を中心として監査役会設置会社から指名委員会等設置会社への移行が進むのではないかといわれていました。しかし、役員人事や報酬の決定権が、代表取締役を中心とした取締役会から、業務の執行を行わない指名委員会、報酬委員会に移ることが、従前のわが国の慣行とは異なる点が嫌われ、実際には指名委員会等設置会社への移行は上場会社においてもあまり進んでいません。

　そこで、平成26年の会社法改正によって、新たに監査等委員会設置会社が設けられることとなりました。この制度の特徴は、取締役でもある監査等委員が業務執行の監査を行うことに加え、一定の要件のもとで取締役会から特

第2章　コーポレートガバナンスに対応する機関設計　25

定の取締役に対して重要な業務執行の決定を委任することができるなど、指名委員会等設置会社において利点とされていた点を取り入れる一方で、指名委員会等設置会社を採用する際にネックになるといわれていた、役員の人事、報酬に関する議案の最終的な決定権は取締役会の権限として残し、株主総会における意見陳述権を監査等委員会に与えることで代替している点にあるといえます。

　以下では、監査等委員会設置会社を中心にして、それぞれの機関設計の主な特徴と、差異をみていきます。

2 監査等委員会設置会社

　監査等委員会設置会社は、株式会社のうち監査等委員会を置く株式会社を指しますが（会社法2条11号の2）、前述のとおり平成26年の会社法改正によって新しく設けられた機関設計であり、後述する監査役会設置会社、指名委員会等設置会社の中間的な機関設計であるといえます。

(1) 監査等委員である取締役の選任、解任

① 選解任の手続

　監査等委員会設置会社では、監査等委員会の構成員である監査等委員は、取締役でなければならないため、他の取締役と同様に取締役会における議決権を有しますが、選任時には、監査等委員である取締役と、それ以外の取締役とを区別して選任されます。
　また、監査等委員である取締役を解任するためには、監査役の解任の場合と同様に要件が加重されており、その地位が保護されています。
　さらに、監査等委員である取締役の選任、解任、辞任に関しては、選任議案の同意権、提出請求権等の権限が与えられており、監査等委員である取締役の独立性が、監査役会設置会社の監査役（会社法343条、345条4項）と同様に保護されています。
　監査等委員の選解任の手続は図表2－2のとおりです。

② 任　　期

　監査等委員である取締役の任期は、図表2－3のとおり、監査等委員でない取締役よりも長く設定されています。

第2章　コーポレートガバナンスに対応する機関設計　27

図表2-2　監査等委員の選解任

選任	・取締役でなければならない（399条の2第2項） ・監査等委員でない取締役と区別して選任される（329条2項）	
解任	監査等委員でない取締役	株主総会の過半数の賛成（341条）
	監査等委員である取締役	株主総会の特別決議（309条2項7号）
選解任に関する権限	・監査等委員である取締役の選任議案の同意権（344条の2第1項） ・監査等委員である取締役の選任議案の提出請求権（同条2項） ・監査等委員である取締役の選解任についての意見陳述権（342条の2第1項） ・辞任後最初の株主総会における理由陳述権（同条2項）	

図表2-3　監査等委員の任期

監査等委員である取締役	・2年[2]（332条1項） ・短縮不可（同条4項）
監査等委員でない取締役	・1年（332条3項） ・短縮可能（同条1項ただし書）

　このような任期の設定は、監査役会設置会社の取締役の任期が原則として2年、監査役の任期が原則として4年とされているのと比較して短期間になっています。これは、取締役会のメンバーでもある監査等委員が業務執行のモニタリングを行う監査等委員会設置会社では、監査専門機関である監査役、監査役会を置く場合よりも、選任を通じた株主による監督を頻繁に受けることが適切である一方で、監査等委員である取締役の独立性を確保する観点から、それ以外の取締役の任期よりも長くするべきであることなどが理由とされています（坂本三郎編著『一問一答平成26年会社法改正』（以下「坂本一問一答」という）32頁（商事法務・平成26年））。

2　正確には、選任後2年以内に終了する事業年度のうち最終のものに関する定時株主総会の終結時まで。以下、任期については同様です。

(2)　監査等委員会の組織

①　監査等委員会の組織構成

　監査等委員会は、図表 2 － 4 の組織構成を満たす必要があります。このうち、監査等委員である取締役は 3 人以上かつ過半数が社外取締役でなければならないということは、必然的に、社外取締役を最低でも 2 人は選任する必要があるということになります。ただ実際には、万が一のことを考えて補欠となる社外取締役を選任するため、 3 人以上の社外取締役を選任する場合も多いのではないかと思われます。

　このような人員要件は、指名委員会等設置会社において、各委員会がそれぞれ 3 人以上の取締役によって構成され、かつ、各委員会の過半数が社外取締役でなければならないとされていること（会社法400条 1 項ないし 3 項）に倣ったものです（坂本一問一答35頁）。

　なお、平成27年 6 月より上場会社に適用されることとなった、東京証券取引所が定めるコーポレートガバナンス・コードにおいては、「独立社外取締役」を少なくとも 2 名以上選任すべきとされています（原則 4 － 8 ）。会社法が求める規律との違いは、単なる社外取締役ではなく、「独立性」の要件

図表 2 － 4 　監査等委員会の組織

構成員	すべての監査等委員（399条の 2 第 1 項）
監査等委員の要件	取締役であること（399条の 2 第 2 項）
監査等委員の数	3 人以上（331条 6 項）
社外取締役の数	過半数（331条 6 項）
兼職の可否	業務執行取締役や使用人等との兼職禁止（331条 3 項）
常勤者の要否	不要
指名・報酬委員会	不要（任意の委員会として設置可能）

（「一般株主と利益相反が生ずるおそれがない者」であるか否かにより判断することとされており、詳細は「上場管理等に関するガイドライン」Ⅲ５.⑶の２に規定されています）を満たす社外取締役が必要となる点にありますが、独立社外取締役２名以上を監査等委員として選任することにより、両者の規律を同時に充足することが可能であり、上場している銀行はこの要件を満たす人物を監査等委員として選任することが多くなるのではないかと思われます。

②　兼職の禁止

　監査等委員である取締役は、社外取締役でない者であっても、その会社や子会社の業務執行取締役や使用人等との兼任が禁止されています。監査等委員である取締役が業務執行取締役やその指揮命令下に置かれる使用人等の職を兼任することは、監査の実効性が確保されないことになるため、当然の規制といえるでしょう。

③　常勤者の設置の要否

　監査役会設置会社において常勤監査役の設置が義務づけられている（会社法390条３項）のとは異なり、監査等委員会設置会社では、常勤の監査等委員を置くことは求められていません。

　このように、常勤者の設置が義務づけられていない点は、指名委員会等設置会社における監査委員会の委員と同様の規定となっておりますが、その理由は、監査等委員による監査が内部統制システムを利用するかたちのものであるためと説明されています（坂本一問一答37頁）。このことを反映して、監査等委員会設置会社においては、後述のように監査等委員会の職務の執行のため必要な事項を決定することが取締役会の職務とされており、監査等委員が常勤していなくても業務の適正が確保されるような体制を構築することが求められています。

　もちろん、常勤の監査等委員を置くことが禁止されているわけではなく、設置をするか否かは、各会社の判断に委ねられています。また、実際の運用

場面においては、指名委員会等設置会社における監査委員会の委員と比較すると、監査等委員会設置会社においては常勤者を設置している会社の比率が高いとの報告もなされており、現段階では、常勤者の有無の点に関しては監査役会設置会社に近いかたちでの運用がなされる傾向にあるようです（塚本英巨「監査等委員会設置会社の監査体制」旬刊商事法務2099号6頁）。

④ 指名委員会、報酬委員会の設置

　監査等委員会設置会社においては、指名委員会等設置会社とは異なり、指名委員会、報酬委員会に相当する機関は設けられておりません。しかし、監査等委員会設置会社においても、任意の委員会として、指名や報酬に関する委員会を設け、その名称を「指名委員会」または「報酬委員会」とすることは妨げられないとされています（坂本一問一答28頁）。

　この点、コーポレートガバナンス・コードにおいては、「独立社外取締役が取締役会の過半数に達していない場合には、経営陣幹部・取締役の指名・報酬などに係る取締役会の機能の独立性・客観性と説明責任を強化するため、取締役会の下に独立社外取締役を主要な構成員とする任意の指名委員会・報酬委員会など、独立した諮問委員会を設置することにより、指名・報酬などの特に重要な事項に関する検討に当たり独立社外取締役の適切な関与・助言を得るべきである」（補充原則4－10①）とされています。

　このような、任意の委員会としての指名・報酬に関する委員会が設けられている会社においては、指名委員会等設置会社とは異なり、株主総会に上程する議案を決定するのはあくまで取締役会となりますが、その議案を決定する過程において任意の委員会の助言を受けたり、後述する株主総会での意見陳述権の内容に反映させるなどして、株主が当該議案に対する賛否を決するにあたってより適切な判断がなされるよう、工夫することが必要となると思われます。

第2章　コーポレートガバナンスに対応する機関設計　31

(3) 監査等委員会の職務および権限

① 監査等委員会の職務

　監査等委員会の職務として規定されている事項のうち、監査等委員でない取締役の選任、報酬に関する意見決定は、監査等委員会独自の内容となっています。これによって、取締役の選任議案や報酬議案の内容を単独で決定する権限までは与えられていないにしても、株主総会における意見陳述権（取締役の選任、解任、辞任については会社法342条の2第4項、報酬等については同法361条6項）を適切に行使して株主に対して取締役の選任、報酬に関する情報提供を行うことにより、経営評価機能を発揮させるものといえます。

② 監査等委員会の権限および義務

　監査等委員会に与えられている権限および義務は図表2-5のとおりですが、これらの権限および義務の内容は、監査役会設置会社や指名委員会等設置会社においてもほぼ同様に認められているものです[3]。

③ 監査等委員会の運営

　監査等委員会の招集権限は各監査等委員が有しており（会社法399条の8）、招集通知は原則として監査等委員会の日の1週間前までに発する必要があるほか（同法399条の9）、監査等委員会の決議は、議決に加わることができる

3　ただし、議案の法令違反等の株主総会への報告義務は、指名委員会等設置会社の監査委員には規定されていない内容です。指名委員会等設置会社では、監査委員は取締役を兼ねているため、取締役の構成員として議案を検討し、法令違反等があると認める場合には取締役会への報告により対応することが想定されている一方で、監査等委員会設置会社においては指名委員会・報酬委員会が置かれておらず、役員の選任や報酬を通じた経営の監督がなされないことから、取締役会のみならず、株主総会にも報告義務を課したものです（坂本一問一答43頁）。

図表2-5　監査等委員会の職務および権限

職務	・職務執行の監査、監査報告の作成（399条の2第3項1号） ・会計監査人の選解任の議案決定（同項2号） ・監査等委員でない取締役の選任、報酬に関する意見決定（同項3号）
権限・義務	・取締役等や子会社への報告徴収・調査権（399条の3） ・不正行為等の取締役会への報告義務（399条の4） ・議案の法令違反等の株主総会への報告義務（399条の5） ・違法行為の差止請求権（399条の6） ・取締役との訴訟における代表権（399条の7）

監査等委員の過半数が出席し、その過半数をもって行う等の規定が設けられています（同法399条の10）。

　なお、監査等委員会の議事録は、指名委員会等の議事録（同法413条2項）とは異なり、監査等委員である取締役以外の取締役の閲覧・謄写権を認める規定は設けられておらず（同法399条の11）、この点は監査役会設置会社の監査役会の議事録の規定と同様になっています。これは、監査等委員会設置会社の監査等委員会は、業務執行を担う取締役会の内部機関であるとはいえず、むしろ取締役会から一定程度独立したものとして位置づけられることによるものとされています（坂本一問一答50頁）。

④　利益相反取引に関する任務懈怠推定の不適用

　取締役との利益相反取引によって株式会社に損害が生じた場合、当該取引を行った取締役等は、その任務を怠ったものと推定されます（会社法423条3項）。

　しかし、監査等委員会設置会社においては、当該取締役が監査等委員会の承認を受けて取引を行った場合、任務懈怠の推定を受けません（同条4項）。この規定は、監査役会設置会社や指名委員会等設置会社には認められていない規定であり、監査等委員会設置会社に特有の規定です。

　銀行の場合、取締役個人と取引することは多くないと思いますが、銀行の

取締役が子会社の役員も兼任している場合などに適用される場面が出てくるのではないかと思われます。

(4) 取締役会による業務執行

① 取締役会の職務

　監査等委員会設置会社の取締役会は、図表2－6の職務を行うこととされています。監査役会設置会社と比較すると、経営の基本方針の決定や各種体制の整備等が明示されている点が異なっていますが、実際には監査役会設置会社の形態を採用する銀行においてもこれらの事項は取締役会で決定していると思われます。しかし、後述するように、監査等委員会設置会社を採用する場合、重要な業務執行を取締役に委任することが一定の要件のもとで可能となるため、いかにして取締役の職務執行の監督を行うかがよりいっそう重要になると思われます。

② 重要な業務執行の取締役への委任

　指名委員会等設置会社とは異なり、監査等委員会設置会社においては、原

図表2－6　取締役会による業務執行

取締役会の職務	・以下の事項その他の業務執行の決定（399条の13第1項1号） 　経営の基本方針 　監査等委員会の職務執行体制の整備 　内部統制システムの整備 ・取締役の職務の執行の監督（同項2号） ・代表取締役の選定および解職（同項3号）
重要な業務執行の決定の委任	・原則として不可（399条の13第4項） ・以下のいずれかの場合に限り委任可能（同条5項、6項） 　取締役の過半数が社外取締役 　定款の定め

34

則として重要な業務執行の決定を取締役に委任することはできません。しかし、一方で、監査等委員会設置会社においては、監査等委員会により経営を監督することが期待されており、取締役会で決定すべき業務執行の範囲は、できるだけ狭くすることが適切であるとの指摘もあります（坂本一問一答60頁）。

　そのため、図表2－6のように、取締役の過半数が社外取締役である場合、または定款に定めがある場合には、指名委員会等設置会社が執行役に委任できるのとほぼ同等の範囲の重要な業務執行事項の決定を、取締役に委任することが可能とされており、日常的な業務について機動的な意思決定をすることが可能となっています。

(5)　報　　酬

①　報酬に関する意見の陳述

　監査等委員会設置会社では、他の機関設計の場合と同様に、取締役の報酬等は原則として株主総会の決議によって決定されます（図表2－7参照）。

　ただし、監査役会設置会社と異なり、監査等委員会により選定された監査等委員は、監査等委員である取締役以外の取締役の報酬等について、株主総会における意見陳述権を有しています。前述のように、監査等委員である取締役以外の取締役の報酬等についての意見の決定は、監査等委員会の職務とされており、そこで決定された意見をふまえて株主総会における意見陳述権を行使することとなります。

　なお、前述のように、監査等委員会設置会社においても、任意の報酬に関する委員会を設置することは可能です。この報酬委員会のメンバーに監査等委員を選任して、事実上監査等委員会に任意の報酬委員会と同様の権限をもたせたり、監査等委員とは異なるメンバーを任意の報酬委員会に選任して監査等委員会とは別の観点からの意見を聴取し、それをふまえて監査等委員会

第2章　コーポレートガバナンスに対応する機関設計　35

図表 2 - 7　報酬の決定

報酬決定機関	株主総会（361条 1 項）
監査等委員でない取締役の報酬	監査等委員の意見陳述権あり（361条 6 項）
監査等委員である取締役の報酬	・それ以外の取締役の報酬と区別（361条 2 項） ・監査等委員の意見陳述権あり（同条 5 項） ・個別報酬は監査等委員による協議で決定[4]（同条 3 項）

の意見を決定するなど、会社の状況や監査等委員会のメンバーの状況に応じて機関設計を工夫する必要があります。

②　監査等委員の報酬の決定

監査等委員である取締役の報酬も株主総会の決議によって決定されますが、監査等委員である取締役とそれ以外の取締役とを区別して報酬を定める必要があり、たとえば、取締役全体の報酬を決定して、取締役会において監査等委員である取締役とそれ以外の取締役の間の配分を決めるという方法はできません。

また、監査等委員である取締役は、自己の報酬等について意見陳述権を有し、個別の報酬は監査等委員の間の協議によって定めることとされています。これは、監査役会設置会社における監査役と同様に、報酬の決定を通じて経営陣が監査等委員に対する支配を強めることを阻止する意味合いをもっています。

4　ただし、個別の報酬について定款の定めや株主総会の決議がある場合には、その内容が優先されます。しかし、定款や株主総会において個別の役員の報酬を決定せずに取締役会（実質的には代表者）や監査役会に委ねることが多いわが国においては、監査等委員会設置会社に移行した場合であっても、定款や株主総会の決議において監査等委員の個別の報酬を定めずに、監査等委員による協議に委ねることが多いのではないかと思われます。

3 監査役会設置会社

監査役会設置会社は、監査役会を置く株式会社または会社法の規定により監査役会を置かなければならない株式会社を指しますが（会社法 2 条10号）、従前よりわが国の株式会社において広く採用されてきた制度であり、取締役、取締役会とはまったく別の機関である監査役および監査役によって組織される監査役会が取締役による業務執行を監査する制度です。

(1) 監査役の選任、解任

① 選解任の手続

監査役会のメンバーである監査役は、取締役とはまったく別の役員であり、株主総会における選任手続（会社法329条 1 項）も、当然に取締役とは別に行われます。

監査役を解任するためには株主総会の特別決議が必要とされており、監査等委員と同様に地位が強化されています。

また、監査役の選任、解任、辞任に関しても、監査等委員会設置会社において監査等委員会に与えられているのと同様の権限が与えられており、監査役の地位を保護して独立性を保つことにより、監査役会が適切に取締役による業務執行を監督することが期待されています。

監査役の選解任の手続は図表 2 − 8 のとおりです。

② 任 期

監査役の任期は、選任後 4 年以内とされており、この任期を短縮することはできません。このように、監査役の任期は、監査等委員会設置会社の監査

第 2 章 コーポレートガバナンスに対応する機関設計 **37**

図表 2 － 8 　監査役の選解任

選任	取締役とは区別して選任される	
解任	取締役	株主総会の過半数の賛成（341条）
	監査役	株主総会の特別決議（309条 2 項 7 号）
選解任に関する権限	・監査役の選任議案の同意権（343条 1 項・ 3 項） ・監査役の選任議案の提出請求権（同条 2 項・ 3 項） ・監査役の選解任についての意見陳述権（345条 4 項・ 1 項） ・辞任後最初の株主総会における理由陳述権（同条 4 項・ 2 項）	

図表 2 － 9 　監査役の任期

監査役	・ 4 年（336条 1 項） ・短縮不可
取締役	・ 2 年（332条 1 項） ・短縮可能（同項ただし書）

等委員である取締役や指名委員会等設置会社の監査委員の場合と比較して長期に設定されていますが、これは監査役というモニタリングに特化した機関構成を採用していることによるものと考えられ、安定した地位をもとに、適切な監査の権限を行使することが期待されているといえます（図表 2 － 9 参照）。

　なお、取締役の任期は、監査等委員会設置会社や指名委員会設置会社と異なり、監査役会設置会社の場合のみ 2 年とすることが可能ですが、実際には監査役会設置会社を採用していても過半数の銀行が取締役の任期を 1 年に短縮しています。東京証券取引所のコーポレートガバナンス白書においても、任期を 1 年に短縮することがコーポレートガバナンスに資すると指摘されており、監査役会設置会社の形態を採用する銀行においても、取締役の任期を 1 年に短縮する傾向が今後も続くと思われます。

(2) 監査役会の組織

① 監査役会の組織構成

　監査役会は、図表2-10の組織構成を満たす必要があります。監査役は3人以上で、そのうち半数以上が社外監査役であることが求められており、必然的に社外監査役を最低でも2人、補欠のことを考慮すると3人以上を選任することが必要となります。

　このような、複数の社外役員が求められている点は、監査等委員会設置会社と同様のようにもみえますが、両者が大きく異なる点は、監査等委員会設置会社で求められているのが「社外取締役」であるのに対し、監査役会設置会社で求められているのが「社外監査役」である点です。

　この違いは、コーポレートガバナンス・コードを遵守する際に大きく影響してきます。すなわち、前述のように、同コードの原則4-8では独立社外「取締役」を少なくとも2名以上選任することが求められており、監査等委員会設置会社では社外取締役に独立性の要件を備えさせることによって、最低2人の社外役員を選任すれば足りることとなりますが、監査役会設置会社においては、社外監査役を2人選任したとしても、これとは別に独立社外取締役2人以上を選任する必要があるため（後述のように、会社法335条2項により、監査役と取締役の兼任は禁止されています）、合計すると、最低でも4人以上の社外役員を選任する必要があります。しかし、会社の状況によっては、このような多数の社外役員の適任者を探すことは容易ではなく、社外監査役に加えて独立社外取締役を選任することには、重複感、負担感があります。このような点は、監査等委員会設置会社を選択する理由の1つになると思われます。

第2章　コーポレートガバナンスに対応する機関設計　39

図表 2 −10　監査役会の組織

構成員	すべての監査役（390条1項）
監査役の要件	−
監査役の数	3人以上（335条3項）
社外監査役の数	半数以上（335条3項）
兼職の可否	取締役や使用人等との兼職禁止（335条2項）
常勤者の要否	必要（390条3項）
指名・報酬委員会	不要（任意の委員会として設置可能）

②　兼職の禁止

　監査役は、その会社や子会社の取締役や使用人等との兼任が禁止されています。この規制は、監査等委員である取締役と同様の規制ですが、業務執行の監査に特化した監査役においては、このような取締役の指揮命令下に置かれる職務の兼任を禁止する趣旨は、よりいっそう当てはまるものといえます。

③　常勤者の設置の要否

　監査役会は、監査役のなかから常勤の監査役を選定しなければなりません。この点は、監査等委員会設置会社において、監査等委員の常勤者を設置することが求められていない点とは大きく異なっています。

④　指名委員会・報酬委員会の設置

　監査役会設置会社においても、監査等委員会設置会社と同様に、コーポレートガバナンス・コードの補充原則4−10①により、独立社外取締役が取締役会の過半数に達していない場合には、指名・報酬などの特に重要な事項に関する検討にあたり、独立社外取締役の適切な関与・助言を得るべきであるとされています。

この点、監査役会設置会社においては、監査役会のメンバーは「独立社外取締役」になることはできず、また取締役の指名・報酬について株主総会における意見陳述権が与えられておらず、会社法上の権限をうまく行使することによってコーポレートガバナンス・コードの要請を満たすことができる監査等委員会設置会社とは状況が異なります。もちろん、監査役会設置会社においても任意の独立諮問委員会を設置することにより、この要請を満たすことは可能ですが、要請をそのまま満たすようにすると多くの社外役員を選任する必要があり、それぞれの役割に重なりが生じるなど、重複感が生じることは否めません。

(3)　監査役・監査役会の職務および権限

①　監査役の職務

　監査役の職務は、取締役の職務の執行を監査することにあります。

　監査役会設置会社においては、3人以上の監査役が選任されることとなりますが、監査役は独任制の機関と解されており、各監査役は監査役会を通じて権限を行使するのではなく、監査役独自の権限が多く認められています。この点は、原則として監査等委員会の権限として、または監査等委員会から選定されて権限の行使を行う監査等委員とは異なっています。

　なお、監査役会設置会社においては、監査役によって業務執行の監査が行われるのと並行して、取締役会においても取締役の職務執行についての監督を行うこととされており（会社法362条2項2号）、監査役による業務執行の監査の範囲がどこまで及ぶかという問題があります。

　監査役による監査が業務執行の適法性に及ぶのは当然として、業務執行の妥当性まで監査の対象となるかについては議論があります。監査役による監査の対象が妥当性まで及ばないと考える理由の1つとして、妥当性をめぐる意見の対立は、最終的には人事で決着をつけざるをえないものの、監査役会

第2章　コーポレートガバナンスに対応する機関設計　41

には業務執行担当者の選任・解任権限は与えられていないことがあげられています（江頭憲治郎『株式会社法』〔第7版〕532頁（商事法務・平成29年））。

これに対し、監査等委員会設置会社においては、監査等委員は取締役会のメンバーとして業務執行を担う取締役の選任・解任権限を有しており、また株主総会における取締役の選任、報酬に関する議案への意見陳述権があることから、職務執行の妥当性を監査する権限も有すると考えられており（同書591頁）、監査の対象となる範囲が監査役会とは異なっています。

② 監査役会の職務

監査役会の職務は図表2-11のとおりですが、職務執行が監査役個人の職務内容とされているほか、常勤監査役の選定を行う必要がある点、取締役の選任や報酬に関する意見陳述権がない点など、監査等委員会の職務内容とは異なっています。

このうち、取締役の選任や報酬に関する意見の陳述については、前述のようにコーポレートガバナンス・コードにおいても指摘されている点ですので、今後も監査役会設置会社を採用し続けるのであれば、任意の委員会の設置等による対応が強く求められていくことになるのではないかと思われま

図表2-11　監査役・監査役会の職務および権限

	監査役	職務執行の監査、監査報告の作成（381条1項）
職務	監査役会	・監査報告の作成（390条2項1号） ・常勤の監査役の選定および解職（同項2号） ・監査役の職務執行に関する事項の決定（同項3号） ・会計監査人の選解任の議案決定（344条3項・1項）
権限・義務		・取締役等や子会社への報告徴収・調査権（381条） ・不正行為等の取締役会への報告義務（382条） ・取締役会への出席義務、意見陳述義務、招集請求権（383条） ・議案の法令違反等の株主総会への報告義務（384条） ・違法行為の差止請求権（385条） ・取締役との訴訟における代表権（386条）

す。

③ 監査役・監査役会の権限および義務

監査役は、取締役会の構成員ではありませんが、取締役による業務執行のモニタリングを行うためには取締役会へ出席し、その議事内容を把握するとともに、適切な意見を述べることが必要となるため、取締役会への出席義務と、必要な場合の意見陳述義務が定められています。また、必要と認めるときは、取締役に対して取締役会の招集を請求することも可能です。

その他の点については、監査等委員会設置会社の場合と同様です。

④ 監査役会の運営

監査役会の招集権限は各監査役が有しており（会社法391条）、招集通知は監査役会の開催日の1週間前までに通知する必要があり（同法392条1項）、監査役会の決議は監査役の過半数をもって行います（同法393条1項）。なお、監査役会の議事録については、取締役による閲覧、謄写権限に関する規定が設けられていないなど、指名委員会等設置会社の監査委員会よりは、監査等委員会設置会社の監査等委員会の規定に近い内容となっています。

(4) 取締役会による業務執行

① 取締役会の職務

監査役会設置会社における取締役会の職務は図表2−12のとおりですが、監査等委員会設置会社では取締役会における業務執行の決定事項として、経営の基本方針の決定や内部の体制整備が主として規定されていたのと比較すると、監査役会設置会社においてはそのような例示がなく業務執行全般が対象となっています。これは、監査役会設置会社においては、監査等委員会設置会社とは異なり、重要な職務執行の決定を取締役に委任することが認めら

第2章　コーポレートガバナンスに対応する機関設計　43

図表 2 － 12　取締役会による業務執行

取締役会の職務	・業務執行の決定（362条2項1号） ・取締役の職務の執行の監督（同項2号） ・代表取締役の選定および解職（同項3号）
重要な業務執行 の決定の委任	不可（362条4項）

れていない点が影響しています。

　なお、監査役会設置会社においても、大会社である場合には、いわゆる内部統制システムを取締役会において決定することが義務づけられている点には注意が必要です（会社法362条5項）。「大会社」とは、資本金5億円以上または負債が200億円以上である株式会社をいいますが（同法2条6号）、銀行の場合は最低資本金が20億円とされているため（銀行法5条1項、同法施行令3条）、すべての銀行は内部統制システムの決定が義務づけられることとなります。

②　重要な業務執行の取締役への委任

　前述のように、監査役会設置会社においては、重要な業務執行を取締役に委任することは許容されておらず、以下のような重要な業務執行については取締役会において決定する必要があります。

i)　重要な財産の処分および譲受け

ii)　多額の借財

iii)　支配人その他の重要な使用人の選任および解任

iv)　支店その他の重要な組織の設置、変更および廃止

v)　社債を引き受ける者の募集に関する重要な事項

vi)　取締役の職務の執行が法令および定款に適合することを確保するための体制、その他株式会社の業務、ならびに当該株式会社およびその子会社からなる企業集団の業務の適正を確保するために必要なものとして法務省令

44

で定める体制の整備

ⅶ）　定款の定めに基づく取締役の会社に対する責任の免除

(5)　報　　酬

①　報酬に関する意見の陳述

　監査役会設置会社においても、取締役の報酬は原則として株主総会の決議によって決定されますが、監査等委員会とは異なり、監査役には取締役の報酬等について意見陳述権は与えられていません（図表2－13参照）。

　取締役に対する報酬の支給は、役員の指名権と同様に取締役に対する牽制の手段として考えられますが（指名委員会等設置会社において、指名委員会、報酬委員会が設けられているのも、この2点が業務執行のモニタリングに際して特に重要だと考えられていることによるものです）、監査役会設置会社は、この点に関する法律上のモニタリングの制度が一段劣っており、コーポレートガバナンス・コードが求めるような任意の指名委員会、報酬委員会を設けることにより対応することが必要となります。

②　監査役の報酬の決定

　このように、取締役の報酬への関与という点では、監査役会設置会社はモニタリングの制度が一段劣っているといえますが、監査役に対する報酬の決

図表2－13　報酬の決定

報酬決定機関	株主総会（361条1項、387条1項）
取締役の報酬	監査役の意見陳述権なし
監査役の報酬	・取締役の報酬と区別（387条1項） ・意見陳述権あり（同条3項） ・個別報酬は監査役による協議（同条2項）

第2章　コーポレートガバナンスに対応する機関設計　45

定は、監査等委員会設置会社と同様の規律が設けられており、監査役の独立
性が確保されています。

4　指名委員会等設置会社

　指名委員会等設置会社は、株式会社のうち指名委員会等（指名委員会・監査委員会・報酬委員会の三委員会）を置く株式会社を指します（会社法2条12号）。

　外国の上場会社においては、取締役会の構成員の全部または大部分が業務執行に関与せずに、経営の基本方針の決定や、業務執行者の監督を行うかたちの機関構成が多くみられ、モニタリング・モデルと呼ばれています。前述のように、このような形態は、取締役会の構成員が業務執行を行い、それとは別の機関である監査役会が業務執行の監督を行う日本の監査役会設置会社の形態とは大きく異なっており、監査役会による監査という方式が海外投資家に十分に理解されない一因となっていました。指名委員会等設置会社は、このような外国の上場会社に類似した形態の機関構成を採用することが可能となるよう、新たに導入されたという経緯があります。

(1)　各委員会の委員の選任、解任

①　選解任の手続

　指名委員会等設置会社の各委員会の委員となるためには、前提として取締役として選任されることが必要となります。そして、指名委員会等設置会社の取締役は、その他の形態の株式会社と同様に、株主総会において選任されますが、株主総会に提出する取締役の選任等に関する議案の内容は、取締役会ではなく指名委員会が決定するという点が、指名委員会等設置会社の大きな特徴です。

　各取締役は、株主総会における選任時点においてどの委員会の委員になる

図表 2 −14　各委員の選解任

選任	・取締役でなければならない（400条2項） ・選任段階では区別されず、取締役会で委員を選定（同項）	
解任	監査委員でない取締役	株主総会の過半数の賛成（341条）
	監査委員である取締役	・株主総会の過半数の賛成（341条） ・取締役会決議により解職可（401条1項）
選解任に関する権限	取締役の選解任議案は指名委員会が決定（404条1項）	

図表 2 −15　監査委員を含む取締役の任期

全取締役	1年（332条1項）

かが決まっているわけではなく、各委員会の委員になる取締役と、それ以外の取締役は、同じ手続によって取締役に選任されます。その後、取締役会の決議によって取締役のなかから各委員会の委員が選定されます。この点は、株主総会における選任時点において、監査等委員とそれ例外の取締役を区別する監査等委員会設置会社とは異なっています。

このように、各委員会の委員への選定について取締役会の決議という簡易な方法によって行われ、委員の解職についても取締役会の決議によって解職できるとされています。

②　任　　期

指名委員会等設置会社における取締役の任期は、選任後1年以内とされており、各委員会の委員として選定された取締役も、それ以外の取締役も同じ規定になっています（図表2 −15参照）。

⑵　各委員会の組織

①　各委員会の組織構成

　指名委員会・監査委員会・報酬委員会の各委員会の委員は、図表2 −16の
ようにいずれの委員会も3人以上で組織することが求められ、また、各委員
会の委員の過半数は社外取締役であることが求められています。このことか
ら、少なくとも取締役のうち2名以上は社外取締役を選任する必要があるこ
とになります（取締役は各委員会の委員を兼任することができるため、社外取締
役をそれぞれの委員会ごとに別々に選任する必要はありません）。

　なお、監査等委員会設置会社と同様、社外取締役を選任する際に、「独立
性」要件を満たす者を選任することにより、コーポレートガバナンス・コー
ドが求める「独立社外取締役2名以上」という要請を満たすことが可能で
す。

図表2 −16　各委員会の組織

構成員	取締役のうち選定された者（400条2項）	
委員の要件	取締役であること（400条2項）	
委員の数	各委員会ごとに3人以上（400条1項）	
社外取締役の数	各委員会ごとに過半数（400条3項）	
兼職の可否	全取締役	使用人との兼職禁止（331条4項）
	監査委員のみ	執行役、業務執行取締役や使用人等との兼職禁止（400条4項）
常勤者の要否	不要	
指名・報酬委員会	設置義務あり	

② 兼職の禁止

　指名委員会等設置会社の取締役は、各委員会の委員として選定されているか否かにかかわらず、その会社の使用人を兼ねることができません。これは、執行役を監督するという指名委員会等設置会社の取締役会の職務と矛盾することに加え、使用人としての給与を支給することにより、通常の取締役会設置会社よりも厳格な報酬等の規制の脱法となりかねないためとされています。

　さらに、監査委員会の委員（監査委員）はこれに加えて、その会社や子会社の執行役や業務執行取締役、使用人等との兼任も禁止されており、監査等委員会設置会社の監査等委員や監査役会設置会社の監査役と同様の規定が設けられています。

③ 常勤者の設置の要否

　指名委員会等設置会社では、監査等委員会設置会社の監査等委員と同様に、常勤の監査委員を置くことは求められていません。

　その趣旨は、監査等委員と同様、必ずしも監査委員自らが常時会社においてモニタリングをすることまでは求められておらず、それが可能となるような体制づくりをすることが前提になっているためであり、そのような体制を設けることが取締役会の職務として規定されています（会社法416条1項1号ホ）。

(3) 各委員会の職務および権限

① 監査委員会の職務および権限

　監査委員会の職務内容は、監査等委員会設置会社における監査等委員会の職務に類似していますが、指名委員会等設置会社においては、取締役の指名

図表2－17　監査委員会の職務および権限

職務	・職務執行の監査、監査報告の作成（404条2項1号） ・会計監査人の選解任の議案決定（同項2号）
権限・義務	・執行役等や子会社への報告徴収・調査権（405条） ・不正行為等の取締役会への報告義務（406条） ・違法行為の差止請求権（407条） ・執行役等との訴訟における代表権（408条）

および報酬については、それぞれ指名委員会・報酬委員会に権限が移管されているため、これらに関する意見の決定は監査委員会の職務内容とはされていません。

　これらの監査委員会の職務の実効性を担保するため、監査委員会には監査等委員会が保有しているのとほぼ同様な権限が与えられています（図表2－17参照）。

②　指名委員会の職務および権限

　指名委員会の職務は、株主総会に提出する取締役の選任および解任に関する議案の内容を決定するという点にあります。

　このように、指名委員会等設置会社においては、役員の選任という人事面での大きな決定を、社外取締役が過半数を占める指名委員会で行うこととなります。わが国の企業慣行では取締役会（現実には代表取締役）が大きな影響力を行使して役員人事を行うことが大多数ですから、指名委員会等設置会社がコーポレートガバナンスの観点からは評価されながらも、実際の採用例がきわめて少ない原因は、代表取締役が取締役の人事権を手放さなければならない点が大きな理由となっていると思われます。

③　報酬委員会の職務および権限

　通常の取締役会設置会社においては、取締役の報酬は株主総会の決議において決定されますが、実務上は、株主総会においては報酬の総額を決定し、

第2章　コーポレートガバナンスに対応する機関設計　51

個別の取締役に支給される報酬の額は、取締役会の決議、または取締役会から委任を受けた代表取締役が決定するという運用がとられるのが一般的です。

　しかし、指名委員会等設置会社においては、報酬委員会において、執行役や取締役の個人別の報酬等の内容を決定することとされており、その決定を代表執行役に委任することはできません。また、執行役が使用人を兼ねているときは、使用人としての報酬の内容についても決定する権限を有しています（会社法404条3項）。

　なお、指名委員会等設置会社においては、取締役や執行役に支給する報酬等について株主総会で承認を受ける必要はありませんが、個人別の報酬等の内容に係る決定に関する方針を定めなければならず、それに従って個人別の報酬が決定されることとなります（同法409条1項・2項）。

④　各委員会の運営

　各委員会の招集に関しては、当該委員会の各委員が招集権を有しています（会社法410条）。招集通知は原則として開催日の1週間前までに発する必要があること（同法411条1項）、決議は議決に加わることができる委員の過半数が出席し、その過半数をもって行うこと（同法412条1項）など、その運営は監査等委員会と同様の規定になっています。

　監査等委員会と異なる点は、各委員会の議事録の取扱いです。前述のように、会社法には監査等委員会の議事録について取締役の閲覧、謄写権限は規定されていないのに対し、指名委員会等設置会社では、取締役は各委員会の議事録を閲覧および謄写できることとされています（同法413条2項）。これは、指名委員会等設置会社において各委員会は取締役会の内部機関であり、取締役会と委員会の緊密な連携が求められることに加え、会社の業務執行を行うのは取締役ではなく執行役であり、取締役会は執行役による業務執行を監視する機関であると位置づけられているという性質の違いによるものです。

(4) 取締役会・執行役による業務執行

① 取締役会の職務

指名委員会等設置会社の特徴の1つとして、取締役は原則として会社の業務執行を行う権限を有しておらず（会社法415条）、そのかわりに取締役会によって選任された執行役が会社の業務執行を行う（同法418条2号）という点があげられます。そのため、単に取締役として選任されるだけでは会社の業務執行を行うことはできず、執行役としても選任されることが必要となります。

そのことを反映して、指名委員会等設置会社の取締役会の職務内容は監査等委員会設置会社などとは若干の差異が生じています（図表2−18参照）。

② 執行役の職務および重要な職務執行の委任

指名委員会等設置会社においては、1人または2人以上の執行役を置かなければならず、前述のように執行役は取締役会の決議によって選任され、さ

図表2−18　取締役会による業務執行

取締役会の職務	・以下の事項その他の業務執行の決定（416条1項1号） 　経営の基本方針 　監査委員会の職務執行態勢の整備 　執行役の職務の分掌等 　取締役会の招集の請求を受ける取締役 　内部統制システムの整備 ・執行役等の職務の執行の監督（同項2号） ・執行役の選任（402条）、代表執行役の選定（420条） ・各委員会の委員の選定（400条2項）
重要な業務執行の決定の委任	委任可能（416条4項）

第2章　コーポレートガバナンスに対応する機関設計　53

らに執行役のなかから代表執行役を選定するのも取締役会です。また、執行役は取締役を兼ねることができるとされており（会社法402条6項）、取締役のなかから執行役を選任することも可能ですし、取締役に選任されていない者を執行役として選任することも可能です。

　また、指名委員会等設置会社の大きな特徴として、会社の業務執行の決定を執行役に対して広範に委任することができる点があげられます。これは、業務執行の大きな方針については取締役会が決定するものの、日々の業務の具体的な事項については執行役に委任することによって業務執行の機動性を確保するとともに、取締役会には執行役による業務執行の監督に注力させるという趣旨によるものです。監査等委員会設置会社においても、一定の要件のもとで取締役に対してほぼ同様の業務執行の委任をすることは可能ですが、指名委員会等設置会社においてはそのような要件は要求されておらず、当然に委任が認められているという点が異なります。

　執行役の職務は、以下のとおりです（会社法418条各号）。

ⅰ）　取締役会の決議によって委任を受けた会社の業務の執行の決定

ⅱ）　会社の業務の執行

(5)　報　　酬

　指名委員会等設置会社においては、図表2−19のように、取締役の報酬等は、定款や株主総会決議で決定するのではなく、報酬委員会が個人別の報酬等の内容を決定することとなります（会社法404条3項、409条）。

図表2−19　報酬の決定

報酬決定機関	報酬委員会（404条3項）
個別の報酬	報酬委員会によって決定（409条）

第3章

地方銀行の
コーポレートガバナンス戦略

地方銀行の
コーポレートガバナンス戦略

　上場会社である地方銀行には、コーポレートガバナンス戦略が求められています。わが国の株式市場で強い信頼を得るには、コーポレートガバナンスにおいて優等生と認められることが必要となっているからです。それゆえ、地方銀行には適確なコーポレートガバナンス戦略が必要になります。

　地方銀行のコーポレートガバナンス戦略として、ポイントとなるのは、①株式会社としての銀行の機関設計、②キーパーソンとしての社外取締役、③指名・報酬委員会の活用であると考えられます。

　以下では、これら3つのポイントについて考えてみましょう。

(1) 機関設計

　地方銀行は、会社法上の株式会社であり、公開かつ大会社ですから、その採用できる機関設計は、①監査役会設置会社、②監査等委員会設置会社、③指名委員会等設置会社に限られます（会社法328条1項）。

　ここで結論を述べると、地方銀行のコーポレートガバナンス戦略上、最も望ましい機関設計は、監査等委員会設置会社であると考えられます。その理由を三者の制度および運用におけるプラス面とマイナス面を比較して説明しましょう（図表3-1参照）。

①　監査役会設置会社

　監査役会設置会社では、株主総会において取締役および監査役が選任されます（会社法329条1項）。そして、取締役が取締役会を構成し、取締役会は、ⅰ）業務執行の決定、ⅱ）取締役の職務の執行の監督、ⅲ）代表取締役の選定解職を行います（同法362条2項）。株式会社の業務執行自体は、代表取締役や

図表 3 - 1　各制度のプラス面とマイナス面

	プラス面	マイナス面
監査役会設置会社	・半数以上を社外監査役が占め、独任制により強い独立性を有する ・監査に関する多様な権限を有する ・わが国において長年採用されてきた制度でなじみやすい ・重要な業務執行を取締役会で審議することにより慎重な意思決定が可能 ・社内に精通する社内出身取締役が中心となり、会社の実態に即した判断が可能 ・社外取締役が自らの知見を活かして業務執行の判断に加わる	・社外監査役は会社の実情に疎くなりがち ・社内出身監査役は従業員であった者が選任されることが多く、経営陣に対する忖度が働きやすい ・外国人投資家にとってなじみが薄く、監査機能が評価されにくい ・取締役会での議決権がないため、決議事項について重い責任を負わない ・取締役会決議事項が多岐にわたり、スピード感のある経営判断ができない ・社内出身取締役は自己の担当部門以外の決議事項には無関心になりがち ・社外取締役は細かな事項について情報を持ち合わせておらず、審議に参加しにくい ・取締役間に年功序列による地位の優劣があり、監督機能に疑問がある ・事業決定を行った取締役会自身による業績評価が厳格にできない
指名委員会等設置会社	・業務執行と監査の機関を分離することにより、厳格な監査を行うことができる ・日常的な業務執行に係る決定を大幅に執行役に委任可能 ・外国人投資家にとってなじみ	・適切な権限分配、人選をしないと機能しない ・日常的な業務の執行状況を取締役会において把握しにくくなる ・わが国の伝統的なガバナンス

第3章　地方銀行のコーポレートガバナンス戦略　57

	のある制度であり、評価されやすい ・モニタリング・モデルの採用が前提 ・各委員会の過半数を社外取締役が占めるため、経営に対する牽制を効かせやすい	の対極に位置する ・人事・報酬の決定を社外取締役が主導するため、会社の幹部が採用をためらう
監査等委員会設置会社	・モニタリング・モデルが容易に採用可能 ・監査等委員が取締役会における議決権を有している	・人事・報酬について決定権限がない（ただし、意見を陳述することができる）

業務執行取締役が行うことになりますが、監査役は、取締役の職務の執行を監査し、監査報告を作成することになります（同法381条1項）。

監査役会設置会社における監査役は、独任制（個々の監査役が独立して監査を行う権限を有する）の機関であり、制度上強い独立性を有しています。しかし、取締役ではありませんから、取締役会への出席義務と意見陳述義務を有する（同法383条1項）ものの、当然のことながら議決権をもっていません。また、監査役会設置会社では、監査役が3人以上いなければならず、その半数を社外監査役で占める必要があります（同法335条3項）。

ｉ)　**監査役監査のプラス面とマイナス面**

監査役の独立性と多様な監査に関する権限は、制度上においては監査役会設置会社のプラス面と考えられますが、現実の運用にはマイナス面もあります。

まず、監査役の半数を占める社外監査役については、社外かつ非常勤の場合がほとんどですから、会社の実情に疎くなりがちです。

次に、常勤監査役を含む非社外監査役については、従業員であった者が多く、代表取締役の指名によって監査役に選任されていることから、経営陣の決定や職務執行に対する忖度が働く可能性を否定できません。

加えて、前記のとおり監査役には取締役会における議決権がないことか

ら、決議事項について取締役のような重い責任を負っていないことが指摘できます。たとえば、代表訴訟においても取締役よりも責任が認められにくいものと解されます。この辺りに監査役監査の限界があると思われます。

ⅱ）**マネジメント・モデルのプラス面とマイナス面**

　監査役会設置会社の取締役会は、マネジメント・モデルです。マネジメント・モデルとは、モニタリング・モデルの反対概念であり、重要な業務執行に関する決定を取締役や経営会議等の他の機関に委任することができず、必ず取締役会にて決議することを要する制度です（会社法362条4項）。

　このようなマネジメント・モデルのプラス面は、重要な業務執行の決定をすべての取締役が参加して審議することにより、慎重な意思決定が可能になることでしょう。ただし、取締役会において多数を占める社内出身取締役は、自ら担当部門を有する使用人的な側面を有していることから、自己の担当部門以外の決議事項には無関心になりがちです。さらに、取締役間に多くは年功序列による地位の優劣があることから、すべての取締役が決議に参加することによる監督機能には疑問もあるところです。取締役による監督機能が発揮されるとすれば、経営陣から独立した強い（経営陣に忖度等をしない）社外取締役によるほかないのが実情ではないでしょうか。

　次に、マネジメント・モデルでは、「重要な財産の処分及び譲受け」「多額の借財」「支配人その他の重要な使用人の選任及び解任」「支店その他の重要な組織の設置、変更及び廃止」などの7項目のほか重要な業務執行の決定を取締役に委任することができませんから、取締役会決議事項が多岐にわたり、取締役会の効率的な運用ができないおそれがあり、スピード感のある経営判断ができず、取締役会において企業の持続的成長と中長期的な企業価値の向上を図る議論ができないのではないかとの懸念があります。また、社外取締役にとっては支店長人事などの細かな事項は、議決権行使に必要な情報を持ち合わせておらず、審議に参加しにくいのではないかと思われます。

　加えて、取締役会による業績評価が厳格にできないとのマイナス面も指摘されています。事業の失敗が取締役会の決定にあるとすれば、それを支持し

た多数（全会一致が一般的です）の取締役が失敗を認めたがらないと思われるからです。

ⅲ）外国における監査役制度

監査役制度は、英米には存在しません。欧州でもドイツには存在するようですが、一般的ではないようであり、外国人投資家の視点からすれば、監査役会設置会社は、コーポレートガバナンス戦略上、不利に思えます。これも監査役会設置会社のマイナス面ではないでしょうか。

② 指名委員会等設置会社

指名委員会等設置会社は、株主総会において取締役が選任されますが、監査役は選任されず、取締役会が選任した（会社法402条2項）執行役が業務執行を行う（同法418条）制度です。

ⅰ）指名委員会等設置会社のプラス面

指名委員会等設置会社は、わが国における究極のモニタリング・モデルであると解されます。取締役会は日常的な業務執行の決定に与することなく、経営の根幹的事項や株主の利害にかかわる事項等のみを決定し、日常的な業務執行に係る決定を大幅に執行役に委任することができます（会社法416条）。つまり、取締役会の主な権限が執行役の職務執行行為の監督になることから、典型的なモニタリング・モデルと解されるわけです。取締役会には、執行役の選解任権がある（同法402条2項、403条1項）ので、業績を伴わない執行役を解任し、新たな執行役を選任することが可能です。

また、取締役会とは別に指名、監査および報酬委員会が設置され、取締役や執行役の人事に関する議案の決定を指名委員会が行います（同法404条1項）。さらに、監査役会設置会社の監査役のかわりに監査委員会が内部統制部門を通して組織監査を行います（同条2項）。加えて、取締役や執行役の報酬等の内容を報酬委員会が決定します（同条3項）。

上記3委員会は、3人以上の委員から構成され（同法400条1項）、その過半数を社外取締役が占めることになっています（同条3項）。したがって、

会社を代表する執行役の独断専行などから会社を保護することができる制度です。

ⅱ）指名委員会等設置会社のマイナス面

指名委員会等設置会社は、モニタリング・モデルとして優れた制度だと解されますが、わが国の上場会社には普及していません（2％程度）。銀行界においてもメガバンクの持株会社は採用しているものの、地方銀行において採用している会社はわずかです。

このように指名委員会等設置会社が普及していない理由は、わが国の伝統的な社内出身取締役によるガバナンスの対極に位置するドラスティックなモニタリング・モデルであること、特に後継者を含む業務執行者に関する人事指名の権限が社外取締役主導で行われること、報酬についても社外取締役に主導権を握られ、業績評価のうえで決定されることに、多くの会社の経営陣がおそれを抱いているからであると推測されます。

また、特に地方銀行にとってむずかしい点は、複数の適格な独立社外取締役を確保できないと思われることです。独立社外取締役については、後記のとおりですが、指名委員会等設置会社における取締役会および3委員会の活動が多岐にわたることから、相当数の独立社外取締役を選任したうえで、その方たちすべてが少なくとも月に1回は本店に来ていただく必要があることや社外取締役の報酬の額などの理由から、それだけの人員を確保することが困難であると考えられるのです。

なお、粉飾決算紛いの不適切な会計処理で企業存亡の危機を迎えている総合電機メーカーT社は、指名委員会等設置会社導入直後から採用したのですが、委員会制度が機能せず、代表執行役の不正行為が長期間にわたって放置されました。代表者が自己に都合のいい人選をして社外取締役が選任されれば、究極のモニタリング・モデルも骨抜きになることが明白となりました。

③　監査等委員会設置会社

監査等委員会設置会社は、平成26年の会社法改正によって創設された新た

第3章　地方銀行のコーポレートガバナンス戦略　61

な機関設計です。新制度が創設された背景には、わが国におけるモニタリング・モデルの機関設計である指名委員会等設置会社が多くの上場会社に受容されていないことがあります。かかる状況に鑑み、指名委員会等設置会社における監査業務のみを社外取締役が過半数を占める監査等委員会が行うこととし、指名および報酬委員会を設置しないで、モニタリング・モデルを採用できる制度を採用したわけです。その意味で妥協の産物といえなくもありませんが、次のようなプラス面があります。

ⅰ) **プラス面**

ア) **モニタリング・モデルの採用の容易性**

監査等委員会設置会社においては、取締役会の決議によって重要な業務執行の決定の全部または一部を取締役に委任することができる旨を定款で定めることができます（会社法399条の13第6項）。したがって、モニタリング・モデルを採用することが可能となり、個々の業務執行に関する意思決定を取締役会の決議を待たずに効率的に実施することができます。

イ) **監査等委員による議決権の行使**

監査業務を行う監査等委員会の構成員が取締役として取締役会における議決権を行使できることは重く受け取られるべきです。取締役会において議決権を行使することは、当該取締役の責任に直結する可能性があるからです。監査等委員である取締役が賛成の決議に参加した場合、それを理由にして代表訴訟等で責任を追及される可能性があります。取締役会決議に参加した取締役が異議をとどめない場合には、その決議に賛成したものとみなす旨の規定（会社法369条5項）と相まって、監査役と異なり、責任を追及される可能性が高いのです。そうすると、監査等委員であることをふまえれば、議決権行使について慎重な判断をしますから、違法行為や不当行為に対する抑止力になると思われます。

ウ) **監査役会設置会社からの変更の容易性**

監査役会設置会社においてもその半数が社外監査役であることから、独立社外取締役2名を選任している地方銀行であれば、その構成員を変更するこ

となく、監査役会設置会社が監査等委員会設置会社に衣替えすることも容易です。

I） 監査役を廃止する意義

前記のとおり、監査役制度は外国人株主にとっては異質の制度ですから、役員全員が取締役であることは、外国人株主にとってわかりやすい制度であり、理解が得られるものと思われます。

ii） マイナス面

モニタリング・モデルという観点からすれば、指名委員会等設置会社と異なり、取締役等の指名とその報酬の決定について、社外取締役の関与度が低いのではないかとの批判がありそうですが、監査等委員会では、監査等委員以外の取締役の選解任等および報酬等に関する意見を決定することができます（会社法399条の2第3項3号）。そして、監査等委員会が選定する監査等委員は、上記意見を株主総会において述べることができます（同法342条の2第4項、361条6項）。したがって、指名委員会等設置会社と異なり、指名と報酬の決定を行うわけではありませんが、株主総会にて意見を述べることによって、指名と報酬に関与することができます。

なお、監査等委員会の課題として、いわゆる自己監査が問題視される可能性があります[1]。監査等委員は取締役として取締役会において議決権を行使しますので、自らが決定に関与した事項が監査対象となりえます。加えて、多くの監査等委員会では、過半数の社外取締役以外に社内出身の監査等委員を選任し、そのような社内出身者が常勤の監査等委員や監査等委員会の委員長に就くことが多いのですが、社内出身者は、従前から取締役や執行役員であった者が大宗を占めるため、自ら行った業務執行行為が監査の俎上に載る可能性を否定できないからです。しかし、自己監査との批判は、次のような理由から当たらないと解されます。すなわち、監査等委員会における監査は監査役監査と異なり、内部統制システムを通した組織監査であって、監査等

1　自己監査に関する論稿として、砂田太士「監査等委員会設置会社〜その運営上の留意点（後編）」月刊監査役673号29頁が参考になります。

委員の 1 人が監査業務を行うわけではないこと、また、自らが決定に関与した事項についても、監査対象は自らが関与しないその後の業務執行状況であること、さらには監査等委員就任前の業務執行行為に関し、いわゆる横滑り監査役（取締役が監査役に就任する場合）においても、最高裁は「自己監査が必ずしも望ましくない点に留意しつつ、なおかつこれを許容する趣旨であると解すべきである」と判示した控訴審の判断を是認しているからです（最判昭和62年 4 月21日商事法務第1110号79頁）。もちろん、代表取締役頭取だった者が監査等委員に就任し、自己の行った不当不正な業務執行行為を監査せずに隠蔽するようなケースは、コーポレートガバナンスの観点から許容することはできませんが、代表権をもっていた者が監査等委員になることは通常は考えられないことから、自己監査批判には当たらないと考えます。

(2)　キーパーソンとしての独立社外取締役

　指名委員会等設置会社および監査等委員会設置会社ではもちろん、監査役会設置会社においても、コーポレートガバナンス戦略においてキーパーソンとなるのは、独立社外取締役です。ここでは、会社法上の社外取締役の定義、独立社外取締役の「独立性」、地方銀行のコーポレートガバナンス戦略における独立社外取締役の位置づけ等について考えてみましょう。

①　独立社外取締役の意義

　監査等委員会設置会社および指名委員会等設置会社においては、社外取締役の選任が制度の前提とされています。いずれの制度においても委員会の委員の過半数が社外取締役でなければならないからです（会社法331条 6 項、400条 3 項）。

　他方、監査役会設置会社においても、多くの地方銀行のような公開かつ大会社であって、金融商品取引法に基づく有価証券報告書の提出対象会社では、社外取締役を置かない場合には、定時株主総会において、社外取締役を

置くことが相当でない理由を説明しなければなりません（同法327条の２）。

　また、東京証券取引所の有価証券上場規程436条の２には、上場会社が一般株主と利益相反が生じるおそれのない社外取締役または社外監査役を少なくとも１名以上選任しなければならないとされています。

　加えて、CGコードにおいても、次のような原則が明示されています。

【原則４－８　独立社外取締役の有効な活用】

> 　独立社外取締役は会社の持続的な成長と中長期的な企業価値の向上に寄与するように役割・責務を果たすべきであり、上場会社はそのような資質を十分に備えた独立社外取締役を少なくとも２名以上選任すべきである。
>
> 　また、業種・規模・事業特性・機関設計・会社をとりまく環境等を総合的に勘案して、少なくとも３分の１以上の独立社外取締役を選任することが必要と考える上場会社は、上記にかかわらず、十分な人数の独立社外取締役を選任すべきである。

　現在おそらくすべての地方銀行において、２名以上の独立社外取締役が選任されていると思われます。

　また、CGコードは、独立社外取締役の役割と責任について、次のような原則を置いています。

【原則４－７　独立社外取締役の役割・責務】

> 　上場会社は、独立社外取締役には、特に以下の役割・責務を果たすことが期待されることに留意しつつ、その有効な活用を図るべきである。
>
> (ⅰ)　経営の方針や経営改善について、自らの知見に基づき、会社の持続的な成長を促し中長期的な企業価値の向上を図る、との観点からの助言を行うこと
>
> (ⅱ)　経営陣幹部の選解任その他の取締役会の重要な意思決定を通じ、経

第３章　地方銀行のコーポレートガバナンス戦略　65

営の監督を行うこと

(iii)　会社と経営陣・支配株主等との間の利益相反を監督すること

(iv)　経営陣・支配株主から独立した立場で、少数株主をはじめとするス
　　テークホルダーの意見を取締役会に適切に反映させること

このように法令等において独立社外取締役が求められている理由は、経営
陣から独立した立場で、助言および経営の監督（利益相反に係る監督を含む）
を行い、さらに経営陣等から独立した立場で、少数株主その他ステークホル
ダーの意見を取締役会に反映させることにあります。

②　独立社外取締役の「独立性」

独立社外取締役の「独立性」の判断基準については、東京証券取引所が
「上場管理等に関するガイドライン」において、「独立性に関する基準」（以
下「独立性基準」という）を制定しており、それによると独立性なしとされ
るのは、次のいずれかに該当する場合です（同ガイドラインⅢ5．(3)の2）。

a　当該会社の親会社または兄弟会社の業務執行者

b　当該会社を主要な取引先とする者もしくはその業務執行者または当該会
　社の主要な取引先もしくはその業務執行者

c　当該会社から役員報酬以外に多額の金銭その他の財産を得ているコンサ
　ルタント、会計専門家または法律専門家（当該財産を得ている者が法人、組
　合等の団体である場合は、当該団体に所属する者をいう）

d　最近においてaからcまでに該当していた者

e　次の(a)から(c)までのいずれかに掲げる者（重要でない者を除く）の近親
　者

　(a)　aからdまでに掲げる者

　(b)　当該会社またはその子会社の業務執行者（社外監査役を独立役員として
　　　指定する場合にあっては、業務執行者でない取締役のまたは会計参与（当該
　　　会計参与が法人である場合は、その職務を行うべき社員を含む。以下同じ）

を含む）

(c) 最近において(b)に該当していた者

③ 地方銀行のコーポレートガバナンス戦略における独立社外取締役

i) 地方銀行における独立社外取締役に求められる役割

　多くの地方銀行では、2名以上の独立社外取締役が選任されています。独立役員である複数の社外監査役が選任されている監査役会設置会社においても同様です。つまり、地方銀行のコーポレートガバナンス戦略において、CGコードに求められる2名以上の独立社外取締役の存在は達成されているのです。しかしながら、これは単なる通過ポイントにすぎず、達成ポイントというわけでありません。

　地方銀行におけるコーポレートガバナンス戦略的には、単に2名以上の独立社外取締役を選任すればよいのではなく、独立社外取締役が現実にどのように活動し、当該銀行の経営に影響を与えているかが問題とされなければなりません。

　たとえば、金融庁が平成29年11月10日に公表した「平成29事務年度金融行政方針」の地域金融機関に関する記述には、「①持続可能なビジネスモデルの構築」という項目があり、金融庁が「特に深刻な問題を抱えている地域金融機関に対しては、バランスシートの健全性に大きな問題が生じていない今のうちに、検査を実施し、経営課題を特定した上で、経営陣や社外取締役と深度ある対話を行い、課題解決に向けた早急な対応を促す」とされています。

　また、同行政方針には、「③金融ビジネスの環境変化に対応したガバナンスの発揮」という項目があり、「ガバナンスの質の向上（優秀な経営者を選ぶ枠組みの策定、相談役・顧問等による不適切な影響力の排除等）を図っていくことも重要である」「社外取締役・株主等外部からの牽制機能も働いていない先が存在するなど、持続可能なビジネスモデルの構築に向けた取組姿勢や取

第3章　地方銀行のコーポレートガバナンス戦略　67

組内容にはバラツキが見られる。このため、経営課題の解決に向け、経営陣はもとより、社外取締役をはじめとする、様々なステークホルダーによるガバナンスが機動的かつ効果的に発揮されているかといった観点から、個別金融機関の実態を調査し、それを基に深度ある対話を行う」とされています。

上記金融行政方針から明らかな事実は、コーポレートガバナンス・コードの生みの親である金融庁が地方銀行の社外取締役に銀行経営の根幹にかかわる「持続可能なビジネスモデル」を実現するための役割に期待をもっていることです。つまり、地方銀行の独立社外取締役は、持続可能なビジネスモデルを実現するために、場合によっては経営陣に発想の転換を促すことなどに努めなければならず、監督官庁である金融庁とも対話をしなければならないのです。

ⅱ）　地方銀行における独立社外取締役の独立性の課題

独立社外取締役の「独立性」に関する東京証券取引所の判断基準は、前記のとおりですが、地方銀行であるがゆえの課題として、融資取引先である法人の代表者の「独立性」の問題があると思われます。

すなわち、当該地方銀行がメインバンクである取引先会社の代表取締役に関する「独立性」の問題です。当該銀行がメインバンクであって、取引先会社が非上場会社であり、その資金調達手段が当該銀行からの借入れに依存している場合に、当該取引先の代表者の「独立性」の有無が問題となりえます。

一般的に、単に融資取引があるというだけでは、「独立性」なしとはいえないでしょう。しかしながら、たとえば、当該銀行からの借入れが最も多く、かつ、当該取引先の債務者区分が要管理先以下であるなどの事情から当該銀行に代替性がない程度に依存しているとすれば、その「独立性」に疑義が呈されるものと思われます。したがって、そのような取引先の代表者を独立社外取締役とすべきではないでしょう。現実にコーポレートガバナンス報告書において、上記のような独立性の判断基準を明示している地方銀行があります。

ⅲ） 地方銀行における独立社外取締役のリクルート

多くの地方銀行では、ア）現役の会社経営者（地元の非上場会社のオーナーであることが多い）、イ）上場会社の代表取締役経験者（電力会社や鉄道会社等）、ウ）地元の地方公共団体の元幹部、エ）大学教授等の学識経験者、オ）公認会計士（大手監査法人 OB 等）、カ）弁護士（元顧問弁護士を含む）などが独立社外取締役の大宗を占めています。

地方銀行の頭取や会長からは、地元では独立社外取締役を得ることが困難であるという嘆息が聞こえてきます。たしかに、地元におられる方であれば、銀行が根を張っている地域の状況をよく理解されており、銀行が抱える課題等について経営陣とも共通の認識に立たれるように思われます。

しかしながら、社外取締役を地元の有識者のみに頼ることは、問題もあると思われます。なぜなら、人口減少が進み、地方創生のままならない現状を追認し、現在の銀行経営に対して保守的になってしまい、経営陣に対して銀行の構造改革を具申するような辛口の意見が出にくいと思われるからです。上記のように、金融庁の金融行政方針においても、第 6 章で説明するコーポレートガバナンス・コードにおいても、独立社外取締役は銀行経営の根幹にかかわるような助言を行うことが求められているのです。

加えて、交通網および情報通信設備等の発達によって、首都圏等の大都市圏と地方との距離感が年々短くなっています。このような事情を考慮すれば、地元の有識者に限ることなく、積極的に独立社外取締役を大都市圏に求めるべきではないでしょうか。たとえば、九州・沖縄地区であれば福岡市、中国・四国・関西地区であれば、広島市、岡山市、神戸市、大阪市、京都市など、東海地区であれば、名古屋市、上信越および関東地区であれば、首都東京および南関東の各政令指定都市、東北であれば仙台市、北海道であれば札幌市のような大都市に人材を求めてみてはいかがでしょうか。

また、取締役会の回数や開催時間なども工夫すれば、遠距離であっても参加が可能でしょうし、タブレット端末等の機器を利用すれば取締役会等の会議資料や報告事項である稟議事項等についても事前に閲覧することが可能で

第 3 章　地方銀行のコーポレートガバナンス戦略　69

しょう。

　地方銀行は、独立社外取締役の人材供給を地元にこだわることなく、広く大都市圏に求めるべきです。

(3)　指名・報酬諮問委員会の活用

①　諮問委員会の意義

　地方銀行では、コーポレートガバナンスを意識して指名や報酬に係る諮問委員会（以下、この項において「諮問委員会」という）を設置する会社が増加しています。たしかに、後記のようにCGコード補充原則4－10①においても独立した諮問委員会の設置が求められていますから、時流に沿った動きであると考えられます。

　地方銀行における諮問委員会の源流は、指名委員会等設置会社が創設される前に一部の銀行が外部有識者と代表取締役（常勤監査役）からなるアドバイザリィ・コミッティや経営諮問委員会を組織したことにあると思われます。指名委員会等設置会社が導入される前に、外部の第三者の意見を銀行経営に反映させるために組織されたこれらの諮問委員会について、当局が評価していたと聞いていますから、そのような動きがCGコードにも反映されたと考えられなくもないでしょう。

　諮問委員会の意義は、取締役、執行役員等とりわけ代表取締役の後継人事および取締役の報酬の決定について、独立社外取締役や外部有識者が関与し、一般投資家からみて合理性のある人事および報酬の決定を行うことにあります。

　もちろん、諮問委員会の活用がCGコードに明記されたのですから、地方銀行（特に監査役会設置会社である銀行）は独立した諮問委員会を設置すべきです。

② 諮問委員会の構成

　諮問委員会の構成については、CG コードに明記されているわけではありません が、独立社外取締役を含む社外役員が過半数を占めることが望ましいと思われます。社外者の意見が反映されやすいと解されるからです。

　コーポレートガバナンス報告書によれば、地方銀行の諮問委員会は、4 名から 9 名程度で構成されていますが、典型的な構成は、社内取締役として会長と頭取が選任され、監査等委員会設置会社では、3 名または 4 名の監査等委員である（独立）社外取締役が選任されているようです。また、監査役会設置会社では、独立社外取締役が 2 名のところが多いので、社外監査役が構成員となることもあります。

　諮問委員会の議長には、頭取や会長などの社内取締役が就任するケースと独立社外取締役が就任するケースがあるようです。しかし、後記のとおり、指名または報酬の原案を提示するのが社内取締役であることから、議長は独立社外取締役が就任すべきであると考えます。

③ 諮問委員会の活動

　諮問委員会は、任意の組織ですから、その活動内容は、会社法に定める機関の権限を侵奪しない限り自由に定めることが可能です。したがって、答申事項を幅広くすることも可能ですが、株主総会に上程する議案の決定権は、取締役会にあるので、諮問委員会で最終決定をすることはできません。

i）**指名について**

　諮問委員会は、株主総会に上程される取締役や監査役の候補者の選定について、合理性があるか否かを検証し、取締役会または代表取締役に対して答申すべきです。

　加えて、取締役会に上程される代表取締役候補者や役付取締役候補者の選定過程の合理性についても検証し、取締役会または代表取締役に答申すべきです。もちろん、執行役員候補者について答申することも可能です。

第 3 章　地方銀行のコーポレートガバナンス戦略　71

ⅱ) 報酬について

　諮問委員会は、株主総会に上程される取締役および監査役の報酬議案について、合理性があるか否かを検証し、取締役会または代表取締役に対して答申すべきです。

　加えて、取締役会に上程される代表取締役や監査等委員以外の取締役の報酬の合理性についても検証し、取締役会または代表取締役に答申すべきです。もちろん、執行役員候補者の報酬について答申することも可能です。ただし、監査役と監査等委員である取締役の個別報酬の決定に関与することはできません。これらについては、その独立性を守るため、監査役会と監査等委員会の専権事項に当たるからです（会社法387条2項、361条3項）。

　取締役の報酬原案の合理性を検証することは、当該銀行の業績評価または個々の取締役の業績評価をすることにほかなりませんから、多角的な検討が必要となります。

④ 監査等委員会設置会社における諮問委員会の留意点

　監査等委員会は、監査等委員以外の取締役の選任、解任および辞任ならびに報酬について意見を決定し（会社法342条の2第4項、361条6項）、監査等委員会の選定を受けた監査等委員が株主総会において、その意見を陳述することができます（同法399条の2第3項3号）。

　そうすると、諮問委員会における指名・報酬に関する答申と監査等委員会の意見決定の関係が問題となりえます。

　まず、そもそも監査等委員会設置会社に任意の諮問委員会を設置することの当否です。諮問委員会の設置は、監査等委員会設置会社においても、前記CGコード補充原則4－10①に「監査等委員会設置会社」が明示されていること等の理由から有力な選択肢であると解されていますが、諮問委員会を設置した場合には、設置しない場合に比して、監査等委員会の意見陳述権の重要性が低下するとの指摘があります[2]。

　他方、前記のとおり、監査等委員会には、監査等委員以外の取締役の選

任、解任および辞任ならびに報酬についての意見を決定し、選定監査等委員が株主総会において意見陳述する権限があることから、監査等委員会がこの権限を実効的に行使する限りは、これに加えて任意の委員会を置くことをしないと判断することも十分合理的であるとする見解があります[3]。

　思うに、監査等委員会が上記権限を実効的に行使できるのであれば、換言すれば、監査等委員会が経営陣から完全無欠な独立性を有していれば、任意の諮問委員会を設置しないことにも合理性があると解されます。しかしながら、監査等委員会制度がスタートして間がなく、監査等委員会設置会社に移行した銀行でも、同委員会制度本来のガバナンス体制が定着するまでに相応の期間を要することを考慮すれば、取締役の選任、解任および辞任ならびに報酬の決定にあたって、強い権限を有する経営トップと社外取締役や外部有識者との対話をする機会は公正性・透明性の観点から多いほうがよいと考えられます。その意味で監査等委員会設置会社においても任意の諮問委員会は、重要な役割を果たすことができると考えます。もちろん、監査役会設置会社では、独立した諮問委員会を積極的に設置すべきでしょう。

2　澤口実・渡辺邦弘編著『指名諮問委員会・報酬諮問委員会の実務』78頁・84頁（商事法務・平成28年）
3　塚本英巨『コーポレートガバナンス・コードのすべて』277頁（商事法務・平成29年）

2 地方銀行の コーポレートガバナンス戦略の実践

(1) 監査等委員会設置会社に移行した銀行

① 上場企業における移行状況

　監査等委員会設置会社が平成26年の会社法改正（平成27年５月施行）により、株式会社の第三の機関設計として新設されて以降、取締役会における監督機能の強化、あるいは会社法327条の２（監査役会設置会社において社外取締役を置いていない場合の理由の開示）やコーポレートガバナンス・コードによる社外取締役の導入促進等の理由で採用する企業が急速に拡大し、昨年の株主総会シーズンが一段落した平成29年７月26日時点で東証上場会社3539社のうち800社（約22.6％）が監査等委員会設置会社に移行しています。

　このうち市場区分でみた移行状況は、移行会社数では東証第一部上場企業が441社と監査等委員会設置会社全体の約55％を占めており、移行割合では東証第二部上場企業が524社中156社（約29.8％）と最も高くなっています（図表３－２参照）。

② 地方銀行における移行状況

　地方銀行においても改正会社法施行後、監査等委員会設置会社数が年々増加しており、上場地方銀行（地方銀行・第二地方銀行、またはその持株会社）における機関設計別の推移状況は図表３－３のとおりとなっているほか、今年の株主総会においても複数の銀行が監査等委員会設置会社への移行を予定しています。

　また、上記以外の非上場銀行でもフィデアホールディングス（指名委員会

図表 3 － 2　上場会社の監査等委員会設置会社移行状況

市場区分	監査等委員会設置会社	市場区分別設置割合	市場区分ごとの会社総数	市場区分ごとの移行割合
東証第一部	441社	55.1%	2,022社	約21.8%
第二部	156社	19.5%	524社	約29.8%
JQ	164社	20.5%	753社	約21.8%
マザーズ	39社	4.9%	240社	約16.3%
上場企業計	800社	100.0%	3,539社	

（出所）　公益社団法人日本監査役協会「監査等委員会設置会社向け講演会資料」（平成29年8月）より抜粋。

図表 3 － 3　株主総会後の機関設計別上場地方銀行数

	平成27年12月		平成28年6月		平成29年6月	
	社数	構成比	社数	構成比	社数	構成比
指名委員会等設置会社	4社	4.8%	4社	4.8%	3社	3.6%
監査等委員会設置会社	5社（注1）	6.0%	14社（注2）	16.9%	20社（注3）	24.4%
監査役会設置会社	74社	89.2%	65社	78.3%	59社	72.0%
合計	83社	100.0%	83社	100.0%	82社	100.0%

（注1）　トモニホールディングス、山口フィナンシャルグループ、伊予銀行、第三銀行、北國銀行の5社（行）が移行。
（注2）　上記に加え愛知銀行、青森銀行、常陽銀行、第四銀行、筑邦銀行（福岡上場）、中国銀行、みちのく銀行、宮崎銀行、山形銀行の9行が移行。
（注3）　上記に加え西日本フィナンシャルホールディングス、ほくほくフィナンシャルグループ、紀陽銀行、七十七銀行、百十四銀行、大光銀行の6社（行）が移行。また、めぶきフィナンシャルグループの上場に伴い、傘下の常陽銀行（監査等委員会設置会社）、足利ホールディングス（指名委員会等設置会社）が非上場となっている。
（出所）　新日本有限責任監査法人「地域銀行のコーポレートガバナンス報告書の分析（2016.6.10、2016.8、2017.10)」より抜粋。

第3章　地方銀行のコーポレートガバナンス戦略　75

等設置会社）傘下の2行（荘内銀行、北都銀行）、トモニホールディングス傘下の3行（徳島銀行、香川銀行、大正銀行）、山口フィナンシャルグループ傘下の3行（山口銀行、北九州銀行、もみじ銀行）が監査等委員会設置会社に移行しており、今後も組織再編やコーポレートガバナンス・コードへの対応等を契機とした監査等委員会設置会社への移行は徐々に進んでいくものと思われます。

(2)　監査等委員会設置会社に移行する場合の留意点

①　機関設計の検討（目指すべきガバナンス体制）

　機関設計の変更を検討するにあたり最も重要なポイントは、目指すべきガバナンス体制を明確にすることです。

　そのうえで、各々の機関設計についての分析・検討を行い、自行にとって最も適している機関設計を選択します。

　したがって、必ずしも機関設計を変更することが前提ではなく、さまざま検討した結果、現在のガバナンス体制が最も適している体制であるとの判断が示されれば、あえて機関設計を変更しないという選択肢も当然ありうると思われます。

　ちなみに、監査役会設置会社から監査等委員会設置会社に移行した上場会社の移行理由としては、「取締役会の監督機能の強化を図り、経営の公正性・透明性・迅速性を確保し、より高いコーポレートガバナンス体制を確立させ、更なる企業価値の向上を図るため」といった内容が最も多く見受けられます。

　日本銀行による金融緩和政策の継続あるいは少子高齢化・人口減少といった社会構造変化が進展するなかにあって、攻めのガバナンスにより収益性・生産性の向上に取り組み、将来にわたって持続可能なビジネスモデルを構築していくことが、地方銀行に求められています。

現状の体制も含めてどのようなガバナンス体制が最も相応しい体制なのか
をしっかりと議論・検討のうえ、行内コンセンサスを得て明確にする必要が
あります。

そのうえで、監査等委員会設置会社への移行という結論に至ったならば、
各行の移行目的や目指すべきガバナンス体制に照らして、その目的が確実に
達成できるよう、移行に係る個々の具体的検討事項について、実効性ある体
制を構築していくことが重要になります。

② 監査等委員会の役割と責務

各機関設計の詳細については第2章で解説したとおりですが、監査等委員
会設置会社における監査等委員会の役割・責務が、従来の監査役（監査役会）
と大きく異なっている点は次の2点だと考えられます。

まず第1点目は監査等委員会の「等」は監督機能を指しており、監査業務
に加えて取締役（監査等委員を除く）の職務執行を監督することが、監査等
委員会の重要な職務となっていることです。

監査等委員は監査役と違い、取締役として取締役会における議決権を有し
ています。

もちろん、監査等委員は非業務執行取締役なので直接業務執行はできませ
んが、執行の決定に関与することで適法性・準拠性といった範疇にとどまら
ず、経営判断の妥当性・合理性の観点から取締役会の構成員として監督機能
を発揮することが求められています。

また、この監督機能に関連して監査等委員会には取締役（監査等委員を除
く）の選解任・報酬等についての株主総会での意見陳述権が付与されている
ことも大きな特徴点といえます。

第2点目は、監査等委員は独任制ではなく、あくまでも監査等委員会とい
う組織として活動を行うことです。

したがって、緊急性を伴う等一部の権限を除いては、監査等委員単独での
判断・活動が制限され、基本的に監査等委員会での決議・協議・同意等のプ

第3章　地方銀行のコーポレートガバナンス戦略　77

ロセスを踏むことが前提となります。

　もちろん、選定監査等委員として監査等委員会で選定されれば、監査役と同様に独自の調査・報告徴収権等を有しますが、これに関しても別に監査等委員会の決議があるときはこれに従わなければなりません。

　このように監査等委員には監査役のような独任制が認められておらず、内部統制システムを利用した組織監査が基本的な監査方法となるため、監査の実効性向上を図る意味から、内部監査部門への指示命令権の確保等内部監査部門との間の緊密な連携が監査等委員会に強く求められています。

(3)　移行に向けての具体的準備

①　移行スケジュール

　機関設計の検討期間を含め、十分な余裕をもって移行作業を進めていくためには、移行年度の定時株主総会の少なくとも10カ月前には具体的な検討に入るのが望ましいと思われます。

　移行検討にあたっては企画部門、内部監査部門、監査役室等の関係部署スタッフをコアメンバーとして、適宜、総会担当部門、人事部門等と連携しながら進めますが、一般的には信託銀行等とコンサルティング契約を締結し、適切な助言や提案を受けながら、随所で経営側に対して協議あるいは決裁を求めながら具体化していくのが通例です。

　したがって、株主総会を6月に開催するところが大多数である地方銀行においては、その前年の8月頃から検討に着手することになります。

　検討開始から監査等委員会設置会社移行に至る一連の準備作業についての、大まかなスケジュールは図表3－4のとおりです。

　図表3－4は、おおよその目安について記載しましたが、具体的作業を進めていく段階で、各行の実情により時期が前後する項目も当然に発生することが考えられます。

78

図表3-4　監査等委員会設置会社への移行スケジュール（6月株主総会の銀行の場合）

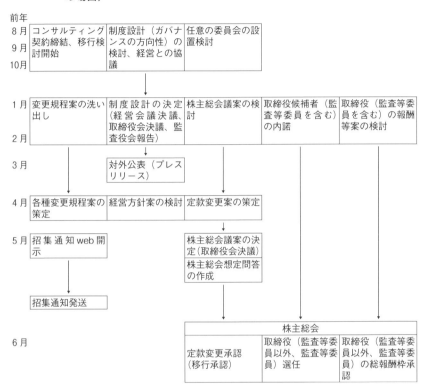

　特に制度設計の根幹となる「目指すべきガバナンス体制」については、取締役会や監査役会で十分な時間をかけて議論したうえで、しっかりとした行内コンセンサスを確立しておく必要があります。
　次項では個々の検討事項についてもう少し詳しく解説します。

② 具体的検討事項

　一口に監査等委員会設置会社といっても、各行が目指すべきガバナンス体制によってさまざまな設計が考えられますが、移行に際して特に重要と思われる検討事項は以下のとおりです。

ⅰ）　定款の改正

　定款の改正にあたっては、監査役・監査役会に関する条文・文言を削除する一方で、監査等委員会に関連する条文を追加するほか、取締役（監査等委員を除く）および監査等委員である取締役各々の最大員数・任期・選任の条文の改正が必要です。

　また、検討項目として常勤監査等委員・補欠監査等委員の選任の有無に関連した該当条文や、重要な業務執行の決定の取締役への委任条文の要否等があげられます。

ⅱ）　経営の基本方針の決定

　監査等委員会設置会社の行動の基準・基礎となるものであり、中長期の経営計画や事業計画等がこれに該当します。

　監査等委員会設置会社における取締役会は、基本的には取締役（監査等委員を除く）等が、この経営の基本方針に従って適切に業務を遂行し、企業価値を向上させているかの監督が特に重要となることから、取締役会の職務として方針を決定することと定められています。

ⅲ）　内部統制システムに関する基本方針の改正

　監査役会設置会社と同様に、監査等委員会設置会社においても内部統制システムの整備が取締役会の職務とされていることから、同システムに関する基本方針の改正が必要になります。

　具体的には、監査等委員会の補助使用人に関する事項、監査等委員会への報告に関する事項、監査等委員の職務の執行について生ずる費用等に関する事項、その他監査等委員会の監査が実効的に行われることを確保するための体制、の事項に関して加筆修正を行います。

ⅳ）　取締役会の構成

　監査等委員会設置会社への移行の目的、取締役会に求める機能等に照らして、取締役会の構成を決定します。

　具体的には、取締役会全体の員数、社外取締役の員数、業務執行・非業務執行取締役の構成比等や、取締役会議長の人選が検討ポイントとなります。

取締役会の主な役割を、経営の意思決定あるいは業務執行者の監督・評価のどちらにどの程度の重きを置くかによって、社外取締役の構成割合が３分の１以上必要なのか、過半数を非業務執行取締役で構成すべきか、議長を社外もしくは非業務執行取締役から選任するのがよいのか等を検討する必要があります。

ⅴ）　**重要な業務執行の決定の委任**

定款改正とも関連性がありますが、監査等委員会設置会社においては、一定の要件（社外取締役が過半数、または委任できる旨を定款に規定）を満たす場合には、重要な業務執行の決定を取締役に委任することができるとされています。

したがって、取締役会の機能や意思決定の迅速化等の観点から、委任の必要性を検討のうえ、委任するとした場合には、会社法上委任が認められない事項や当局の金融検査マニュアル等で取締役会が定めるべきものとして要請されているもの（リスク管理に関する管理方針）を除いて、現状取締役会決議となっている事項について、具体的にだれに何の権限を委任するのかを検討・整理する必要があります。

ⅵ）　**任意の独立諮問委員会設置**

コーポレートガバナンス・コード補充原則４‐10①では、上場の監査役会設置会社または監査等委員会設置会社であって、独立社外取締役が取締役会の過半数に達していない場合には、取締役会機能の独立性・客観性・説明責任等の観点から、取締役会の下に、取締役候補者の選定方針・基準の策定および当該方針・基準に基づく取締役候補者の推薦、ならびに取締役報酬の妥当性の判断・意見具申等を行う独立社外取締役を主要な構成員とする任意の指名委員会・報酬委員会など、独立した諮問委員会を設置することが求められています。

したがって、取締役会の構成および取締役候補者選定プロセスや取締役報酬決定プロセスを勘案のうえ、任意の指名委員会・報酬委員会の設置について検討を行い、委員会に求める機能、構成メンバー、開催頻度、委員長の人

第３章　地方銀行のコーポレートガバナンス戦略　81

選等を決定する必要があります。

　また、あわせて監査等委員会および選定監査等委員の職務・権限である取締役の選解任・報酬等についての意見決定および株主総会での意見陳述権との関係についても整理しておく必要があります。

vii) 監査等委員会の構成

　監査等委員会の構成の検討にあたっては、会社法上の要件（3名以上かつ過半数は社外取締役）を満たし、委員会運営の安定性および監査・監督の実効性を考慮した体制とする必要があります。

　具体的には監査等委員会全体の員数、社外取締役の員数、会社法上任意となっている常勤監査等委員の設置の有無（設置する場合にはその人選）、委員長（議長）の人選、報告徴収権・調査権をもつ選定監査等委員の人選、補欠の監査等委員選任の要否等が検討項目としてあげられます。

viii) 内部監査体制・補助使用人

　監査等委員会設置会社では内部統制システムを活用した組織監査を前提としていることから、監査等委員会と内部監査部門間の指示命令・報告体制等について整備する必要があります。

　具体的には、内部監査部門の組織上の独立性や監査機能強化の観点から、監査等委員会からの単線体制とするのか、または取締役会（または頭取）および監査等委員会からの複線体制（この場合には、取締役による組織的関与が疑われる場合等における監査等委員会の指示優先権を規定する必要があります）とするのか、さらに、内部監査部門長の人事に関する監査等委員会の関与（異動・評価についての事前同意権等）の有無等についても検討が必要です。

　また、監査等委員会の補助使用人に関しても、設置の有無（設置する場合には専任か兼任か、員数は何名が適正か、また上記同様人事に関する関与の有無、他部門からの独立性、監査等委員会からの指示の実効性確保体制等）が検討対象となります。

ix) 取締役（監査等委員）の報酬

　監査等委員である取締役の総報酬枠については株主総会議案となります

が、個人の報酬額については、監査等委員全員の同意がある場合には株主総会で承認された報酬枠内で、監査等委員会での協議により決定されます。

したがって、移行に際しては、監査等委員の報酬の基本的考え方について、監査役との職務・責任の違いや監査等委員会の構成等に照らして、協議のベースとなる具体的水準を策定しておく必要があります。

x) 責任限定契約

平成27年5月施行の改正会社法において、責任限定契約の締結範囲が、「社内・社外」の別から「業務執行・非業務執行」の別に変更となりました。

したがって、非業務執行取締役である監査等委員との上記契約締結に際して、有能な社外取締役の招聘、任務懈怠等モラルハザードの抑止、リスクの把握・コントロールの可能性等を勘案のうえ、契約の可否・契約範囲を検討することになります。

xi) 各種規程の改正・制定

取締役会規程を含むさまざまな規程の改正や新規制定が必要となります。

取締役会規程では、定款と同様に監査役会・監査役から監査等委員会・監査等委員への条文加除のほか、検討項目として招集権者や議長をだれにするのか、あるいは重要な業務執行の取締役への委任を定款で定めた場合の具体的委任事項等があります。

また、新規に制定が必要な規程等としては、監査等委員会規程・監査等委員会監査等基準・内部統制システムに係る監査の実施基準等があります。

その他、各行で名称は異なりますが、多岐にわたる行内規程の改正が必要となりますので、抽出もれ等がないよう留意が必要です。

xii) その他

上記以外にも、プレスリリースやホームページ、IR関係書類等の対外公表文や金融商品取引法・取引所関連の開示書類等の内容、株主総会に向けた関係書類の内容のほか、行内への周知、連結子会社の機関変更の要否等もあわせて検討を進めていく必要があります。

第3章　地方銀行のコーポレートガバナンス戦略　83

③ 監査役（監査役会）の職務

ⅰ） 移行検討への積極的関与

　監査等委員会設置会社という新しいガバナンス体制を導入することになりますので、移行目的・体制について経営の監督機能や監査機能強化等の観点から、監査役には検討段階から関与することが望まれます。

　特に、監査等委員会の構成、補助使用人、監査等委員会と内部監査部門間の指示命令・報告体制等の検討にあたっては、移行後の監査体制に直接かかわってくる事項ですので、より積極的に関与すべきです。

　また、これまでの監査役会設置会社における監査役の選任と異なり、監査等委員会設置会社への移行に際しては、監査等委員である取締役候補者の選任議案に関する監査役会の事前同意権は会社法上規定されてはいません。

　したがって、移行後の監査等委員会としての監査・監督品質の維持・向上の観点から、監査役としては監査等委員候補者の人選にもより深くかかわっていく必要があります。

ⅱ） 監査等委員会への業務引継ぎ

　監査等委員会設置会社への移行は、株主総会で承認されてはじめて成立しますので、それまでは監査役会設置会社としての監査機能が監査役・監査役会に求められます。

　したがって、移行年度においても株主総会での監査報告は従来どおり監査役が行うとともに、移行前の当該年度の監査状況および監査役会での審議内容等については、監査等委員会への引継ぎを行う必要があります。

　業務引継ぎにあたっては、実務上は書類での引継ぎが基本となりますが、対外公表後できる限り、新任の監査等委員候補者との面談機会を設定して、移行目的や機関設計の特徴等を事前に説明する等、引継ぎに関しての十分な配慮が望まれます。

(4) 移行の実務

① 株主総会上程議案

監査等委員会設置会社に移行するときの定時株主総会では、定款変更の議案上程が必要になります。

監査役会設置会社からの移行における定款変更の概要は次のとおりです。まず、監査役、監査役会関連条項を削除する一方で、監査等委員会関連条項の追加、機関、取締役の員数、選任、任期、報酬、責任限定契約等の各条項の内容見直しが必要となります。

また、監査等委員会設置会社に認められている重要な業務執行の決定の委任に関する条項の追加も忘れずに盛り込む必要があります。

さらに、監査等委員である取締役の選任、および報酬等の額については、監査等委員以外の取締役の選任、報酬議案と区別して上程することが会社法で定められています（同法329条2項）。

② 監査等委員会決議事項

株主総会が無事終了し、監査等委員会設置会社への移行が承認されたら、すみやかに監査等委員会を開催し、必要事項について決議する必要があります。

株主総会終了後に開催する監査等委員会での決議事項には次のようなものがあります。

i) 監査等委員会規程の制定

株主総会上程議案の項でも述べましたが、定款にこれまでの監査役会規程にかわり、監査等委員会規程に関する条項が新たに盛り込まれることになります。したがって、株主総会で承認された定款の規定に基づき、監査等委員会規程を制定する必要があります。

第3章　地方銀行のコーポレートガバナンス戦略　85

監査等委員会規程は監査等委員会の組織、職務、決議事項、同意事項、監査等委員の権限行使に関する事項等、監査等委員会の運営全般にわたる基本事項を規定したものです。

そのなかで監査役会規程と大きく異なっている主な項目としては、取締役（監査等委員を除く）の選解任または辞任と報酬等についての監査等委員会の意見の決定が職務として規定されている点、また監査等委員会は監査役監査と違い、組織監査を行うことから、職務権限をもつ監査等委員を個別に選定する点です。

なお、日本監査役協会のホームページに「監査等委員会規則（ひな型）」が掲載されておりますのでぜひ参考にされることをお勧めします[4]。

ⅱ）監査等委員長の選定

監査等委員長は、監査等委員会の議長として監査等委員会の招集、運営を行います。監査等委員長は監査等委員のなかから選定されますが、常勤・非常勤、社内・社外の区別なく、監査等委員であればだれでもなることができます。

ⅲ）常勤監査等委員の選定

監査役会設置会社とは異なり、監査等委員会設置会社では常勤の監査等委員の設置は会社法上義務づけられていませんが、定款に規定することにより選定が可能となります。

これまで監査等委員会設置会社に移行した各銀行では、「行内事情に精通した者が重要な会議への出席や、会計監査人および内部監査部門等との連携を密にはかること等で得られた情報を、監査等委員全員で共有することを通じて、監査・監督の実効性を高める」目的で、社内の常勤監査等委員を選定しているのが通例です。

なお、常勤の監査等委員を選定した場合には、上記のような選定した理由を株主総会招集通知の事業報告に記載しなければなりません（会社法施行規

4　平成27年7月23日公益社団法人日本監査役協会ホームページ「監査等委員会規則（ひな型）」

則121条10号イ)。

ⅳ) 監査等委員会の議長の代行順位

通常は監査等委員長が監査等委員会の議長を務めますが、監査等委員長に事故等があった場合に備えて、他の監査等委員のなかで議長になる順序を、あらかじめ決めておくものです。

ⅴ) 選定監査等委員の選定

独任制である監査役と違い、監査等委員会は組織監査を旨としていることから、個々の監査等委員には調査権や報告徴収権が認められていません。したがって、監査等委員のなかで、上記権限等を有する監査等委員を選定します。

実務上は常勤の監査等委員が選定されるのが通例ですが、特段の人数制限はないため、常勤・非常勤を問わず監査等委員全員を選定することも可能です。

選定監査等委員は会社法上、以下のような権限を有しています。

・取締役(監査等委員を除く)、内部統制部門その他使用人に対して職務の執行に関する事項の報告を求め、または会社の業務および財産の状況を調査すること(399条の3第1項)
・子会社に対して事業の報告を求め、またはその子会社の業務および財産の状況の調査をすること(399条の3第2項)
・会計監査人に対してその監査に関する報告を求めること(397条1項〜4項)
・会計監査人を解任した場合の、解任後最初の株主総会における解任の旨およびその理由の説明(340条3項・5項)
・取締役会の招集(399条の14)
・株主総会における取締役(監査等委員を除く)の選解任または辞任についての監査等委員会の意見の陳述(342条4項)
・株主総会における取締役(監査等委員を除く)の報酬等についての、監査等委員会の意見の陳述(361条5項)
・会社と取締役間の訴訟において会社を代表すること(399条の7第1項2号)

・その他訴訟提起等に関し会社を代表すること（399条の7）

ⅵ）　**特定監査等委員の選定**

　特定監査等委員とは会計監査等に際して、監査等委員会が受領すべき事業報告およびその附属明細書ならびに計算関係書類の受領や、会計監査人の会計監査報告の内容の通知を受けるとともに、計算関係書類に関する監査等委員会の監査報告の内容を取締役（特定取締役）や会計監査人に通知する監査等委員のことです。

　特定監査等委員は実務上常勤の監査等委員とする旨、監査等委員会規程に規定しているところが大半です。

ⅶ）　**監査等委員会監査等基準の制定**

　監査等委員会の職責を果たすうえでの監査等委員の心構えや、監査監督体制のあり方、実際の監査等にあたっての基準・行動指針を定めたもので、監査役会設置会社の監査役監査基準に相当するものです。

　監査等委員会ではこの基準に則して監査業務を行っていくことになります。

　監査等委員会監査等基準の主な項目は以下のとおりです。

・本基準の目的

・監査等委員会の職責および監査等委員の心構え

・監査等委員会の組織および運営等

・コーポレートガバナンス・コードをふまえた対応

・監査等委員会の監査等の環境整備

・業務監査

・会計監査

・監査の方法等

・取締役の人事および報酬に関する意見

・第三者割当等

・株主代表訴訟等への対応

・監査等の報告

監査等委員会監査等基準についても監査等委員会規程同様、日本監査役協会のホームページにひな型が掲載されています[5]。

viii) 内部統制システムに係る監査の実施基準の制定

会社法上、監査等委員会設置会社でも監査役会設置会社と同様、取締役会には「取締役の職務の執行が法令および定款に適合することを確保するための体制その他株式会社の業務並びに当該株式会社およびその子会社から成る企業集団の業務の適正を確保するために必要なものとして法務省令で定める体制」、いわゆる内部統制システムの整備が求められています。

監査等委員会の監査は、この内部統制システムが有効に機能しているかどうかが監査の基本となることから、監査等委員会監査等基準の業務監査項目のうち、内部統制システムに係る監査に関しては、別建てで実施基準を制定して監査を実施します。

内部統制システムに係る監査の実施基準の主な項目は、監査役の実施基準とほぼ同様の内容で以下のとおりです。

・本実施基準の目的等
・内部統制システム監査の基本方針および方法等
・監査等委員会監査の実効性確保体制の監査
・法令等遵守体制・損失危険管理態勢等の監査
・財務報告内部統制の監査

なお、本基準についても日本監査役協会のホームページひな型を参照いただければ幸いです。

ix) 監査計画の策定

監査役会設置会社においても毎年度監査計画が策定されていましたが、監査等委員会設置会社移行後は、監査等委員会としての新たな監査計画の策定が必要となります。

監査年度については、4月～3月もしくは7月～6月が大半を占めると思

5 　平成27年10月15日公益社団法人日本監査役協会ホームページ「監査等委員会監査等基準」及び「内部統制システムに係る監査等委員会監査の実施基準」

われますが、いずれのケースにおいても策定が必要です。

　ただし、移行初年度においては旧監査役会が策定した監査計画をほぼ踏襲した計画とするのが実務上望ましいと思われます。

　なぜならば監査計画の策定においては、前年度の監査結果の確認と課題抽出、それをふまえた次年度の監査方針、重点監査項目・監査方法の検討、そして監査計画案の作成といったプロセスを経て策定されるため、そのプロセスがないままいきなり監査等委員会で策定するのは無理があるからです。

　自行の課題や潜在リスクを的確にとらえた実効性ある監査を実施していくためにも、旧監査役会での審議を経て策定された監査方針、重点監査項目で当初はスタートして、監査の途中で追加や変更が必要な事象が生じた場合には、監査等委員会の審議のなかで随時計画の修正を行っていくほうが望ましい方法であると思われます。

③　監査等委員会協議事項

　監査等委員会決議事項とは別に、株主総会終了後の監査等委員会において協議が必要な事項があります。協議事項は「監査等委員である取締役の月額報酬」についてです。

　株主総会上程議案の項でも述べたように、監査等委員である取締役の報酬については、監査等委員を除く取締役とは区別して議案上程されますが、通常は監査等委員を除く取締役と同様、「年額○○百万円以内」といったように監査等委員全員の年間総限度額で承認を受けます。

　会社法では監査役と同様に独立性の観点から、「監査等委員である各取締役の報酬等について、定款の定め又は株主総会の決議がないときは、当該報酬等は株主総会において承認された額の範囲内において、監査等委員である取締役の協議によって定める」ものと規定しています（同法361条3項）。

　したがって、実務上は各監査等委員の月額報酬については、監査等委員全員の同意をもって決定されます。

　なお、この月額報酬は株主総会に新たな報酬等議案が上程されない限り、

また定款や規程に特段の定めがない限り、監査等委員の任期中はあらためて協議する必要はありませんが、監査等委員の職責や審議時間に見合う適正な報酬水準が確保されているかどうか検討のうえ、毎年報酬協議を行うことが望ましいと考えます。

④　監査等委員会同意事項

株主総会終了後の監査等委員会において同意すべき事項があります。それは「会計監査人の報酬等への同意」です。

監査役会設置会社でも同様ですが、改正会社法施行後は監査等委員会設置会社においても株主総会に提出する会計監査人の解任または不再任に関する議案の決定は監査等委員会が行うことになりました（同法399条の2第3項2号）。

また、議案上程しない、いわゆる再任する場合の決定も監査等委員会において行います。

一方で会計監査人の報酬に関しては、従前どおり取締役会等で決定されますが、会社法上必ず監査等委員会の同意を得なければならないとされています（同法399条1項・3項）。

会計監査人の選解任（再任を除く）については株主総会決議事項となりますので、遅くとも株主総会議案を決定する時までには方針が決定されていなければなりませんが、報酬に関しては特段の定めはありませんので、監査等委員会設置会社移行時点でまだ報酬決定がなされていない場合には、監査等委員会での同意を行った後に決定されることになります。

なお、監査等委員会設置会社移行前に、次期会計監査人の報酬が決定しており、かつ旧監査役会においてすでに報酬同意が行われている場合は、その同意効果は監査等委員会設置会社移行後も有効であるとの解釈がなされていることから、監査等委員会で再度、同意する必要はなく、実務上は報酬額および同意理由について確認しておくことで十分です。

またこの場合には、次期株主総会招集通知の事業報告に、監査等委員会移

行前の旧監査役会が同意した旨および同意理由、さらには監査等委員会においてその内容を確認した旨等を記載することになります。

⑤ 監査等委員会設置会社移行に関連した取締役会決議事項

その他監査等委員会設置会社移行に関連して、株主総会終了後の取締役会において決議が必要となる事項としては以下のものが考えられます。

i) 経営の基本方針の決定

会社法において監査等委員会設置会社の取締役会は「経営の基本方針」を決定するものと規定されています。

実務上はすでに策定されている中期経営計画の内容等について、あらためて経営の基本方針として決議します。

ii) 内部統制システムの整備に関する基本方針の一部改正

従来の内部統制システムの整備に関する基本方針の記載内容のうち、監査役、監査役会から監査等委員、監査等委員会への変更、監査等委員会補助者の人事等に関する監査等委員会の同意権の明記、監査等委員の職務の執行について生ずる費用請求に関する該当条文の変更が必要です。

iii) 規程等の改廃

監査等委員会設置会社への移行を受けて、取締役会規程をはじめとした多くの規程類の改廃が行われることになりますが、このうち取締役会決議が必要な規程等に関して決議する必要があります。

iv) 非業務執行取締役との責任限定契約の締結

監査等委員会設置会社移行後は、監査等委員は社内外問わず全員が非業務執行取締役となります。

非業務執行取締役との責任限定契約については、各行とも会社法にのっとり定款に規定していると思われますので、この規定に基づき締結することになります。

契約を締結する監査等委員については、社外の監査等委員のみを対象とするケースと、社内を含めた監査等委員全員を対象とするケースがあります。

⑥　取締役会報告事項

　株主総会終了後に開催される取締役会では、代表取締役、役付取締役の選定や取締役（監査等委員を除く）の月額報酬等、決議議案が目白押しですが、監査等委員会の決議事項についても極力取締役会に報告するのが望ましいと思われます。

　ただし、株主総会当日の非常にタイトな時間割のなかで効率よく決議報告を行うためには、たとえば取締役会に先立って監査等委員会を開催し、最低限取締役会に報告すべき事項、たとえば監査等委員会規程の制定、監査等委員長、常勤監査等委員、選定監査等委員、特定監査等委員の選定、監査計画策定等の決議、および監査等委員の月額報酬協議を行い、それ以外の議案については取締役会終了後に再度監査等委員会を開催し審議するといったような運営上の工夫も必要となります。

　取締役会報告は通常は監査等委員長が代表して報告することになりますが、特に監査等委員会規程や監査計画の説明では、旧監査役会の規程、監査手法と異なる点、たとえば取締役（監査等委員を除く）の選任・報酬等に関する株主総会での意見陳述権、選定監査等委員の職務権限、内部統制システムを利用した組織監査等については、十分に説明し取締役（監査等委員を除く）の理解を得ておくことが大切です。

(5)　移行後の監査実務

①　監査方針と重点監査項目

　具体的な監査業務に関しては、監査等委員会で策定した監査計画にのっとって進めていくという意味では監査役監査と同様ですが、監査役監査が適法性監査を基本とした独任制監査であったのに対して、監査等委員会監査は適法性のみならず妥当性にも主眼を置いた組織監査である点が大きく異なり

第3章　地方銀行のコーポレートガバナンス戦略　93

ます。

したがって、監査方針も「企業集団の健全で持続的な成長」の確立に向け、「株主の負託を受けた独立の機関」として「監査等委員以外の取締役の職務執行監査」を基本とし、監査にあたっては「内部統制システムの構築・運用状況の監視・検証」を「会計監査人、内部監査部門との連携を密にして」実施する、といった内容のものになっています。

また、重点監査項目では、取締役の職務執行監査に「中期経営計画の基本戦略の進捗状況」や「コーポレートガバナンス・コードに対する対応状況」「取締役会の実効性向上に向けた取組み状況」といった監査項目を新たに追加し、企業価値向上に向けたいわゆる攻めのガバナンス体制の構築・運用状況を監査等委員会として監査していく必要があります。

なお、従来からの監査項目でもある適法性監査項目においては、顧客本位の業務運営体制の構築・浸透状況、働き方改革への取組状況、公益通報者保護法をふまえた消費者庁ガイドラインへの対応状況、マネー・ローンダリングおよびテロ資金供与対策への対応状況等についても随時監査対象としていくことが必要と思われます。

②　業務監査

監査等委員会監査の基本は前述したように、内部統制システムを利用した組織監査です。

具体的には取締役会が構築した内部統制システムの有効性を内部監査部門がオンサイトやオフサイト監査で検証し、監査等委員会はその検証結果の報告を受けて評価を行い、必要があれば取締役会に対して改善提案等を行います。

しかしながら監査等委員会に移行したからといってすぐに内部監査部門による内部統制システムの有効性監査が可能かというと、現実的にはむずかしい問題です。

内部監査部門との連携を密に図りながら徐々に監査等委員会が目指す監査

体制に移行させる必要があり、それには一定の時間がかかります。

したがって、当面は従来の監査役監査手法も併用しながら、内部監査部門の高度化を図っていく必要があります。

ⅰ) 重要な会議への出席

監査等委員は取締役ですので当然に取締役会に出席します。また、常勤の監査等委員は経営会議、支店長会議、各種委員会等の重要な会議に出席できる旨、各々の規程上で規定されていると思われますので、原則すべての会議等に出席して取締役の職務執行や意思決定状況の監査、または各種経営情報の収集による実態把握、業務執行に関する付議・運営プロセスの適切性検証等を行います。

したがって、重要な会議の重複開催を極力避けるよう、場合によっては各主催部署に監査等委員会室への事前確認を義務づける等の工夫が必要です。

ⅱ) 重要な書類の閲覧

監査対象となる重要書類には取締役会、経営会議、各種委員会付議資料および議事録といった会議関連資料や、重要な契約書、監査部監査結果報告書、部店長引継書、本部各部の営業店モニタリング報告書等多岐にわたります。

いうまでもなく書類閲覧の目的は取締役（監査等委員を除く）の職務執行状況の把握であり、書類の閲覧を通して法令・定款違反の有無、経営に係る重大な損失危険の有無、各種文書・規程・情報の保存・管理状況、経営方針との矛盾の有無、付議事項・決裁権限の適法性・妥当性を検証します。

ⅲ) 内部統制システムの監査

内部統制システムに係る監査の実施基準に基づき、内部統制システムに係る取締役会決議の相当性判断、内部統制システムの構築・運用状況の検証、財務報告内部統制の構築・運用プロセスの監視・検証、コーポレートガバナンス・コード対応状況等が主な監査項目となります。

内部統制システムに係る取締役会決議の相当性判断では、会社法に定める事項を網羅しているか、必要な見直しが適宜行われているか、あるいは事業

第3章　地方銀行のコーポレートガバナンス戦略　95

報告への記載内容が適正かといったポイントで監査します。

　内部統制システムの構築・運用状況の検証では、内部統制の重要性認識や法令等遵守体制・損失危険管理体制・情報保存管理体制・効率性確保体制・企業集団内部統制の各リスク対応状況について、その実効性・十分性に関する不備の有無を日々の監査業務を通して検証し、不備が発見された場合には必要に応じて監査等委員会での審議を経て、取締役会に改善勧告を行います。

　財務報告における内部統制の構築・運用プロセスの監視・検証では、監査部において評価範囲としている有効性評価項目の評価結果や、会計監査人の監査状況をヒアリング等により検証します。

　監査のポイントは財務報告に関するリスク対応状況の監視・検証であり、財務担当取締役のリスク認識、財務部門担当者の専門性、会計監査人の監査体制構築状況、特に不適正な関与・看過の有無、財務情報の適時・適正な開示状況がリスクに対応しているかが判断材料となります。

　コーポレートガバナンス・コードへの対応状況では、自主的な開示項目の拡大が今後進展していくなかにあっては、開示項目のみに限定することなく、補充原則を含むすべての原則を監査対象とするのが望ましいと考えます。

　監査手法としては、コンプライしている項目については、実際に内容どおりの運用が行われているか、またエクスプレイン項目については今後の取組方針が検討されているか等をヒアリングや実際の運用状況を、監査等委員会で審議のうえ、取締役会に監査結果および改善提案等をフィードバックします。

iv)　**本部・営業店の監査**

　前記のように監査役監査と異なり、監査等委員会監査は内部統制システムを活用した組織監査が中心であり、本部・営業店監査も監査部監査や本部各部のモニタリング結果の報告を受けるかたちで監査を実施するのが基本です。

しかしながら、間接的に報告を受けるだけだと現場の本音、課題、問題点の本質がなかなかみえてこない場合もあります。

その意味で監査等委員会設置会社移行後も、現場往査も引き続き重要な業務監査の1つだと考えます。

ただし、監査役と違い監査等委員会の場合は個々の監査等委員に自動的に調査権が認められているわけではなく、選定監査等委員に選定されてはじめて調査・報告徴収権が認められます。したがって、各行の監査実態にあわせた選定監査等委員の選定が必要となります。

監査ポイントは取締役会が構築した内部統制システムが本部各部を通じて各営業現場にしっかり周知・浸透・実践されているかに尽きます。したがって、営業店往査ではなるべく多くの職員との面談等を通じて、理解度や実施状況を確認します。

万が一不十分な点があれば、どこに問題があるのか、個々の職員に問題があるのか、支店長の店務運営や物理的なマンパワー不足等支店の問題なのか、あるいは本部からの指示・情報発信・現場理解等が適切に行われていないためなのか等の原因を究明し、しかるべき改善提案を実施します。

特に組織運営上、本部のガバナンスが重要であることから常日頃から、内部監査部門やコンプライアンス部門はもちろんのこと、本部各部とのコミュニケーションはしっかりと行い、特に本部監査時にはあらかじめ監査等委員会としての本部共通監査項目や各部固有の監査項目を監査部に指示して監査を実施させ、監査講評時には監査等委員も同席して、結果について直接被監査部署とディスカッションを行う等の工夫が必要です。

v)　**子会社の監査**

地方銀行の場合、本業と関連性が深いあるいは業法上銀行本体では扱えない業務、たとえば、カードやリース業務等は、子会社を設立して業務を行っているのが通例です。

最近ではこの子会社を含む企業集団における内部統制が重要視されるようになっており、子会社に対する監査の重要度が増しています。

第3章　地方銀行のコーポレートガバナンス戦略　97

監査のポイントは企業集団全体の業務の適正性を確保するための運営管理体制と個々の子会社における内部統制システムの構築・運用状況の検証です。

監査手法としては監査部の監査結果、コンプライアンス部門のモニタリング結果、各社の決算状況等の報告を受けるほか、子会社への直接往査、子会社監査役等との情報交換会等は極力実施すべきでしょう。

また、経営側が行う子会社代表取締役との定期的な意見交換会や各社経営計画説明会への出席、子会社監査役（非常勤）への就任といった、より実効性が高い企業集団内部統制システムの構築も検討すべきと考えます。

vi） 競業取引等の監査

取締役による競業・利益相反取引、無償の利益供与、子会社または株主との通例でない取引および自己株式の取得・処分・消却等が監査項目となります。

監査ポイントは競業・利益相反取引および無償の利益供与に該当するかどうかの判断が的確に行われているか、または該当する場合には適正な行内決裁手続を経て実行されているかどうかの検証です。

監査手法としては、役員兼職一覧等（最新版および記載もれの有無確認）による取締役会・経営会議での確認や本部各部の稟議書、交際費・広告宣伝費・寄付金等の経費支払証の監査です。

会社法上、取締役の利益相反取引は通常は取締役会で審議・承認されますが（同法356条1項、365条1項）、監査等委員会設置会社の場合には、取締役の利益相反取引に際し監査等委員会の承認があれば、万が一その取引が原因で銀行に損失が発生したとしても、取締役の任務懈怠の推定は適用されないとの規定があります（同法423条4項）。

したがって、取締役の利益相反取引に関して事前承認を求められた場合には監査等委員会として責任の重大性に鑑み慎重な対応をする必要があります。

場合によっては取締役会での審議内容をふまえて、取締役会決議後の監査

等委員会承認という判断も実務上あってしかるべきと考えます。

　また、会社法上、取締役会で重要な事実を開示して承認された利益相反取引が実行された場合には、遅滞なく当該取引についての重要な事実について取締役会に報告すべき旨が規定されています（同法365条2項）ので、報告が行われているかどうかも監査等委員会としてしっかりと検証することが重要です。

　ここでいう重要な事実とは当該取引が会社に及ぼす影響を判断するために必要な事実であり、取引の相手方、取引の種類、目的物、数量、履行時期、取引期間等が当たるとされています。

　通常の善管注意義務、忠実義務に加えて、取締役が会社の利益を犠牲にして自己の利益を図ることを防止するため、監査等委員会にはより慎重な対応が求められます。

　このほか子会社や株主との通例でない取引は、担当部署によるアームズレングスルールへの該当有無のチェック体制・チェック状況の検証、自己株式の取得・処分・消却は、担当部署の資料閲覧により取締役会決議内容との整合性を検証します。

ⅶ)　内部監査部門等との連携

　内部監査部門、リスク統括部門、コンプライアンス部門等とは毎月あるいは少なくとも四半期ごとに意見交換を行うとともに、子会社監査役や場合によっては労働組合等とも意見交換を行いながらできるだけ広く情報収集等を行うべきと考えます。

　特に、内部監査部門との連携は、監査等委員会設置会社においては、監査等委員会がすべて直接調査等を行う監査手法ではなく、必要に応じて内部監査部門に対して具体的な調査指示を行う監査手法であることから、非常に重要となります。

　具体的には内部監査部門からの監査結果報告、監査等委員会からの監査項目指示、内部監査部門の監査計画策定時の監査等委員会との事前協議、監査等委員会と内部監査部門との合同監査等があげられます。

③ 会計監査

上場会社では会社法に基づき、会計監査は主として会計監査人が行い監査等委員会はその相当性を評価することになります。

一方で、監査等委員会としても自己査定や償却・引当、四半期・中間・期末の各決算、開示書類等に関しては、その作業プロセスを含め積極的に監査に関与していく必要があります。

ⅰ) 自己査定、償却・引当

自己査定、償却・引当監査にあたっては各々の基準に準拠して実施されていますが、いずれも見積要素を含んでいますので、恣意性が確実に排除されたかたちで厳格に実施されているかどうかが監査ポイントになります。

監査手法としては全体の検証に加え、自己査定、償却・引当実施部署との見解相違の有無等について監査部および会計監査人から意見聴取を行います。

ⅱ) 決算監査

決算監査では個別計算書類、附属明細書、連結計算書類について、会計方針、会計処理の適正性、計算書類の正確性等について、会計監査人からレビューおよび監査結果説明を受けるとともに、直接、経理部門等からも説明を受けます。

具体的な監査ポイントとすれば、税効果会計、注記記載事項、附属明細書記載事項等の正確性や後発事象の有無等の確認や、中間期や期末決算では剰余金分配可能額の適正性、期末決算では事業報告記載内容の正確性、適法性等についても精査・確認します。

ⅲ) 開示書類

会社法、金融商品取引法、取引所規則等により開示が義務づけられている書類に関しても、その作成プロセスを含む正確性、適時性等が監査対象になります。

具体的には招集通知等株主総会関係書類、決算短信、有価証券（半期）報

告書、四半期報告書、内部統制報告書、コーポレートガバナンスに関する報告書等が対象となりますが、いずれも法定要件を満たした正確な内容、開示となっているか、決められた行内決裁プロセスを経て内容が確定されているかどうかが監査ポイントとなります。

④ 監査報告書の作成

１年間の監査業務の集大成として、事業年度の監査報告書を作成します。監査等委員会が作成する監査報告書は、会計監査人が作成する「独立監査人の監査報告書」とともに株主総会招集通知に記載され、かつ選定監査等委員が株主総会において、監査報告を行っているのが一般的です。

監査等委員会設置会社の監査報告書の内容は日本監査役協会のホームページに掲載されているひな型のとおり、取締役（監査等委員を除く）の職務執行監査です。

監査報告書の記載については、会社法に定める内部統制システムの構築・運用状況についての取締役の職務執行および会計監査人監査の適正性について、報告を受け、説明を求め、書類を閲覧し、調査を行い、事業報告をはじめ各種計算書類や連結計算書類について検討した旨、およびその監査結果について記載します。

なお、監査等委員会設置会社への移行初年度の監査報告書には、移行前の監査状況については旧監査役会から引き継いだ内容である旨の注記をするのが望ましいと思われます。

取締役会設置会社である株式会社においては、取締役会の承認を受けた計算書類は定時株主総会に提出して株主の承認を受けなければなりませんが、会計監査人設置会社については監査等委員会および会計監査人の監査を受けており、かつ会計監査人の監査の方法または結果が相当でないとする監査等委員会の意見がない場合は株主総会の報告事項となります。

その意味でも監査等委員会が作成する監査報告書の内容は、非常に重いものであるといえます。

第3章　地方銀行のコーポレートガバナンス戦略　101

⑤ 取締役（監査等委員を除く）の選任、報酬等に関する意見決定

　監査等委員会設置会社においては、監査等委員会の職務として、取締役（監査等委員を除く）の選解任または辞任および報酬等についての意見の決定が会社法上規定されており、他の監査役会や監査委員会には認められていない監査等委員会固有の職務となっています。

　また、選定監査等委員は、株主総会において監査等委員会の意見を述べることができる権限を有しています。

　したがって、意見陳述権の行使の有無にかかわらず、取締役（監査等委員を除く）の選任等および報酬等について、監査等委員会において意見を決定する必要があります。

i) 取締役（監査等委員を除く）の選任等に関する意見決定

　意見決定にあたってはさまざまな検討項目があり一概にはいえませんが、自行の取締役として適任である、あるいは問題がないと判断するための根拠・基準が必要となります。

　第一に、適格性の判断が求められます。適格性の判断にあたっては会社法や銀行法規定への抵触の有無、選任理由・選任プロセスの妥当性・透明性・公正性等について、身分証明書やヒアリング、コーポレートガバナンスに関する報告書で開示している指名方針・手続等で確認します。

　第二に、職務執行状況について確認します。具体的には中期経営計画の進捗度合い、単年度経営目標の達成状況、重要な会議での意思決定状況、渉外活動等を通じた株主や株主以外のステークホルダーへの対応状況等が検討項目として考えられます。

　第三に、ガバナンス体制について確認します。取締役会の実効性評価結果やコーポレートガバナンス・コードをふまえたガバナンス強化に向けた取組み・改善状況等が主な検討項目となります。

　また、取締役（監査等委員を除く）の選任等が任意の委員会において検討されている場合には、その審議内容の妥当性・公正性も検討材料となりま

す。

　上記以外にもさまざまな検討項目が考えられますので、自行が目指すガバナンス体制と、そのために求められる取締役の資質・能力を判断するのに現時点で最も適した基準を策定したうえで、複数回にわたる監査等委員会での審議を経て意見決定を行うことになります。

　取締役（監査等委員を除く）の選任については、毎年株主総会に議案が上程されますので、監査等委員会においてもそのつど意見決定をする必要があります。

　また、意見決定のための検討項目についても、つど見直しを図りながら、より自行に相応しい基準をつくりあげていくことが重要です。

ⅱ）取締役（監査等委員を除く）の報酬等に関する意見決定

　取締役（監査等委員を除く）の報酬等に関する意見決定については、大きく2つに分けて検討する必要があります。

　1つは、当該事業年度に支払った報酬等に関する意見であり、もう1つは報酬等に関しての株主総会上程議案が予定されている場合の同議案に対する意見です。

　当該事業年度の報酬等に関しての検討項目としては、報酬体系と報酬実績があげられます。

　報酬体系ではコーポレートガバナンス・コードに対応した業績連動報酬や株式報酬の導入状況やその割合、報酬実績では株主総会で承認されている報酬限度額との比較、役割と職責に応じた役位間バランスの設定状況、業績連動部分の業績結果との整合性、報酬決定に至るプロセスの透明性・公正性等について検討を行うことが考えられます。

　当該事業年度の報酬等に関する監査等委員会の意見決定も、取締役（監査等委員を除く）の選任等と同様、毎年行う必要があります。

　一方で報酬等に関する株主総会上程議案に関しては、議案が上程される場合にのみ意見決定が必要となりますが、検討項目としては当該報酬等の導入または変更目的・理由や、実際の報酬額・報酬内容の妥当性等が考えられま

す。

ⅲ) 意見陳述権の行使

前述したように監査等委員会の選定監査等委員は、取締役（監査等委員を除く）の選任・報酬等に関する監査等委員会の意見を株主総会で述べることができます。

意見陳述権を行使するかしないかは監査等委員会の判断に委ねられており、その陳述内容も積極的意見（適任、妥当である等）でも消極的意見（異議、指摘、意見なし等）でも特段の規定はありません。

ただし、意見陳述を行う場合には、当該意見の概要を株主総会参考書類に記載しなければならないことには留意が必要です（会社法施行規則74条1項3号、同規則82条1項5号）。

また、実務上は株主総会での意見陳述権を行使しない場合であっても、監査等委員会での決議事項として、取締役会に意見内容を報告するのが望ましいと思われます。

(6)　その他の留意事項

①　監査等委員会の運営

ⅰ) 監査等委員会の開催日程

監査等委員会の運営にあたっては、まず年間の監査計画に基づく決議・協議・同意・報告事項の審議時期や会計監査人からの監査レビュー等の報告日、取締役会開催日程等を参考に監査等委員会の開催日程を決定します。

特に監査等委員は全員取締役として取締役会のメンバーとなっているので、実務上は取締役会開催日の前日もしくは取締役会当日の取締役会前後に開催するのが社外監査等委員の負担を考えると効率的だと思われます。

ただし、監査等委員会を取締役会の直前に開催する場合には、取締役会への報告事項等の審議時間が十分に確保されるかどうかに留意する必要があ

り、議題の内容によっては取締役会終了後に再度開催することも検討する必要があります。

　また、社外監査等委員の出席率を高め、監査等委員会を有効に成立させるため、開催日程については予定を含めできるだけ前倒しで、可能であれば年間日程というかたちで社外監査等委員へ通知しておくのが望ましいと考えます。

ⅱ）監査等委員会資料の事前配付

　限られた時間のなかで監査等委員会の審議を活発かつ効率的に行うためには、監査等委員会資料の事前配付は不可欠です。

　配付方法は電子メール、郵送どちらでもかまいませんが、社外監査等委員に十分な検討時間を与えるためには、監査等委員会の1週間前をメドに資料を配付するのが望ましいと思われます。

　どうしてもそれが間に合わない場合には、配付可能な資料から複数回に分けて順次配付する等の配慮が必要です。

　また、社外監査等委員の理解をより深める工夫として、サマリーや議案内容の検討にあたっての判断ポイント、専門用語の解説表、これまでの行内での審議過程における主な意見等をまとめた議事録等の添付等が考えられます。

ⅲ）監査等委員会の議事進行

　監査等委員会の議事進行に際しては、議題選定および提案時期に配慮するとともに、特に重要と思われる案件については、審議を尽くす意味でも複数回にわたって議題として上程してもかまいません。

　また、内部監査部門以外にも、各担当部を同席させて説明および質疑応答させる等、特に社外監査等委員が自由に発言できる機会、雰囲気が形成されるよう努めることが必要です。

　ただし、監査等委員会に取締役、特に代表取締役を説明者として招聘するケースでは、監査等委員会での審議、意見形成に重大な影響を及ぼすおそれが懸念されることから慎重に検討し、できれば取締役の招聘にあたっては事

前に監査等委員会で決議したうえで招聘するのが望ましいと考えます。

iv) 監査等委員会での決議事項等

　監査等委員会の決議は、議決に加わることができる監査等委員の過半数が出席し、その過半数をもって行います。

　その際、決議について特別の利害関係を有する監査等委員は、当然に議決に加わることができません。

　監査等委員会の同意事項についても上記決議と同様に過半数の同意をもって行いますが、会計監査人の法定解任事項に基づく解任や取締役の責任の一部免除に関する事項等は、監査等委員全員の同意が必要となります。

　また、監査等委員の報酬協議を監査等委員会で行う場合も、監査等委員全員の同意が必要です。

②　監査等委員会の実効性評価

　取締役会の実効性評価に関しては、コーポレートガバナンス・コードの補充原則4-11③にも記載があるため、各行とも取り組まれていると思いますが、監査等委員会の実効性評価についてはなじみが薄いと思われます。

　特にこれまで監査役会設置会社であった時代には、監査役の独任制といわれるように個々の監査役が監査責任を負い、監査報告を作成するため、監査役会自体の評価の必要性について、あまり議論されてこなかった面もあります。

　一方で監査等委員会では、すべての意思決定が監査等委員会という組織において行われます。

　したがって、その事業年度の監査活動において、監査等委員会という組織が効率的かつ実効的に機能したかどうかを評価することが大事であると考えます。

　日本監査役協会が作成した監査等委員会監査等基準ひな型にも、「監査計画の作成は、監査等委員会の実効性についての分析・評価の結果を踏まえて行い」とあるように、監査等委員会のさらなる実効性向上に向けて、監査等

委員会の実効性評価を実施することは非常に意義あることと思われます。

　具体的には取締役会評価と同様に、まず各監査等委員へのアンケート調査から始めるのがよいと考えます。

　アンケート項目としては、

・監査等委員会の構成について（員数、構成メンバー等）

・監査等委員会の運営について（回数、頻度、議題数、審議時間、資料の内容・分量・配付時期等）

・監査等委員会を支える体制について（内部監査部門・会計監査人との連携、監査等委員会スタッフ、情報提供、研修機会の確保、外部専門家等との連携等）

・監査状況について（業務監査・会計監査の実施状況、取締役（監査等委員を除く）の選任・報酬等に関する意見決定）

等が考えられます。

　また、評価に際して選択肢に加えて選択理由を記入させる方法としたほうが、より具体的な意見吸収が可能となります。

　評価結果については取りまとめのうえ、監査等委員会に報告するとともに、翌事業年度の改善対応や監査計画への反映、場合によっては代表取締役との意見交換テーマ等としての活用が考えられます。

③　外部専門家との連携

　監査等委員会は取締役（監査等委員を除く）の職務執行状況を監査することになりますので、そこには常に適法性および妥当性の判断が求められます。

　コーポートガバナンス・コードの原則4－11でも取締役会・監査役会の実効性確保のための前提条件として、監査役には適切な経験・能力および必要な財務・会計・法務に関する知識を有する者が選任されるべきであり、特に、財務・会計に関する十分な知見を有している者が1名以上選任されるべきである、との記載があります。

　会計監査や財務報告の内部統制監査に際して、会計監査人や財務部門から

の説明等について、しっかりと理解し、かつ的確な質問ができる知識を有していなければ監査等委員会としての実効性ある監査はできません。

　もちろん、金融機関の常勤監査等委員であれば、これまでの長年の業務経歴から一定程度の財務・会計知識があると推察されますが、それを補完する意味で監査等委員に会計士・税理士資格をもつ方を選任するケースも考えられます。

　また、監査実務上財務・会計知識と同等かそれ以上に必要となる知識として法務知識があります。

　監査等委員会監査の場合には、株主総会、取締役会等を含む取締役（監査等委員を除く）の職務執行に関して、会社法や金融商品取引法に照らして適法性・妥当性を判断するケースが非常に多くあり、法務専門家との連携は欠かせません。

　この場合も財務・会計の専門家と同様に、監査等委員に弁護士等を選任する方法が考えられますが、首都圏等から招聘する以外には、地方において会社法・金融商品取引法を得意とする弁護士を探すことはかなり困難ですし、また仮に見つかったとしてもすでに自行の顧問弁護士となっているケースもあります。

　自行の顧問弁護士を監査等委員として選任することは、監査等委員会の独立性の観点から好ましいことではありませんので、銀行側と利害衝突、利益相反のおそれのない弁護士と顧問契約を締結するのが望ましいと思われます。

　なおこの場合の契約主体はあくまでも監査等委員会とすべきであり、監査等委員長名や常勤監査等委員名で契約を締結するのが望ましいでしょう。

　また、上記以外にも、日本監査役協会の Net 相談室や会計監査人が所属している監査法人以外の監査法人、信託銀行、証券会社等のさまざまな外部専門機関を活用しながら監査の実効性を高めていくことが望まれます。

④　補助使用人の独立性

監査等委員会の補助使用人、いわゆる監査等委員会スタッフ（以下「スタッフ」という）については、監査等委員会室設置の有無や専任・兼任体制等さまざまな形態が考えられますが、最も重要な点はスタッフの独立性および監査等委員会からの指示命令権がしっかりと確立されているかどうかです。

スタッフも組織上は銀行職員ですから、人事異動については通常人事部において行われますので、監査等委員会の監査等の実効性を確保するため、取締役会が策定する内部統制システムに関する基本方針のなかに、スタッフの独立性に関する事項を明記する必要があります。

1点目はスタッフの人事処遇に関する事項、つまり異動および評価に関する監査等委員会の事前同意です。

具体的にはスタッフの異動案および評価案について、監査等委員会が人事部から事前説明を受け、監査等委員会の同意を得た後、経営会議等に付議するよう規定します。

2点目はスタッフに対する指示の実効性確保に関する事項、つまり指示命令権に関する監査等委員会の優先です。

監査等委員会の専任スタッフの場合は、それほど問題にはなりませんが、他部との兼任スタッフの場合は監査等委員会以外に所属長が存在しますので、スタッフは監査等委員会の指示命令下で職務を遂行する旨を規程上に明記する必要があります。

⑤　代表取締役との意見交換

実効性・効率性ある監査を実施していくうえで、各部門との連携が必要なことはいうまでもありませんが、代表取締役との連携はもっとも重要です。

企業ガバナンスの向上を図るためには、常に代表取締役とのコミュニケーションを図り、目指すべき方向性、認識の一致を確認しておく必要がありま

す。

　各行とも自行の課題、リスク等についての相互認識の確立や監査環境の整備、重要課題等について、監査役等と代表取締役との定期的な意見交換を実施していることと思いますが、意見交換テーマに関して監査等委員会の場で事前に検討したり、テーマについて各自の意見をまとめてきてもらう等、社外監査等委員を巻き込むような設営の仕方をさまざま工夫することで、活発な意見交換の場となるよう努める必要があります。

⑥　監査等委員以外の社外取締役との連携

　取締役会の構成において、監査等委員以外の社外取締役を選任するケースも考えられます。

　この場合の社外取締役は監査業務を行いませんが、非業務執行取締役として取締役（監査等委員を除く）の職務執行状況の監督をその職務としています。

　したがって、同じ非業務執行取締役として監査等委員と連携して監督業務を行うことは、実効性の観点からも意義があることだと思います。

　監査等委員以外の社外取締役との接点は、通常は取締役会の席上のみとなりますが、別途機会を設けて監査等委員との間で忌憚ない意見交換を行い、社外取締役同士で認識の共有化を図ることが望まれます。

　その際には、社外取締役だけでの開催も選択肢として考えられますが、できれば進行役として常勤の監査等委員も参加したほうが、スムーズな運営や出された意見の今後の業務運営への反映が可能になると思われます。

　また、意見交換テーマとしては、取締役会の運営に関する事項、たとえば議案内容、議案数、審議時間、資料構成、説明方法等や、コーポレートガバナンス・コードに関する事項等が考えられます。

⑦　内部監査部門への指示命令権

　業務監査の項で述べたように監査等委員会設置会社においては、監査等委

員会がすべて直接調査等を行う監査手法ではなく、必要に応じて内部監査部門に対して具体的な指示を行い、その結果報告を受けるかたちで監査を実施します。

したがって、監査等委員会の職務を実効的かつ効率的に執行する観点から、組織上も実際の権限上も内部監査部門に対する指示命令権が確保されていなければなりません。

その意味においては監査等委員会設置会社におけるコーポレートガバナンス体制において、内部監査部門への指示命令権は監査等委員会に属するのが理想といえます。

また、監査等委員会における補助使用人と同様に、取締役からの独立性、あるいは監査等委員会からの指示の実効性を担保するためには、少なくとも内部監査部門長の異動・評価に関する事前同意権を監査等委員会に付与するのが望ましいと考えます。

特に、代表取締役が会社に著しい損害を及ぼす事実が疑われるケースでの調査指示を内部監査部門に対して行う場合には、こうした体制が整備されていないと、代表取締役により内部統制機能が無効化されるリスクがあります。

一方で監査役会設置会社においては、内部監査部門を頭取直轄としている組織が多く、監査等委員会設置会社に移行したからといって、すぐにそこまで変えるのはハードルが高い場合もあると思われます。

ただし、その場合でも少なくとも内部監査部門への指示命令権は、取締役会（頭取を含む）と監査等委員会に付与し、取締役の職務の執行に関して不正の行為または法令もしくは定款に違反する重大な事実が疑われる場面では、監査等委員会の指示命令が取締役会に優先する体制を構築しておく必要があります。

⑧　内部通報制度の報告体制

内部通報制度に関する報告体制については、コーポレートガバナンス・

コードの原則2－5において、その体制整備が求められていることから、各行とも内部統制システムの整備に関する基本方針や行内規程等において、運用・報告体制等が整備されていると思われます。

この内部通報制度が実効性をもって機能するためには、同コード補充原則2－5①にあるように経営陣から独立した通報窓口の設置と、情報提供者の秘匿および不利益取扱いの禁止の2点をいかに確保するかどうかが重要です。

平成28年12月に消費者庁によって改正された「公益通報者保護法を踏まえた内部通報制度の整備・運用に関する民間事業者向けガイドライン」においても、「コンプライアンス経営の徹底を図るため、通常の通報対応の仕組みのほか、例えば、社外取締役や監査役等への通報ルート等、経営幹部からも独立性を有する通報受付・調査是正の仕組みを整備することが適当である」と記載されているように、監査等委員会を通報窓口の1つとして体制整備を図ることが、内部通報の実効性を高めていくためには必要な方策であると考えます。

⑨　任意の独立諮問委員会との関係

コーポートガバナンス・コード補充原則4－10①において、法定ではない任意の仕組みの活用として、「上場会社が監査役会設置会社または監査等委員会設置会社であって、独立社外取締役が取締役会の過半数に達していない場合には、経営陣幹部・取締役の指名・報酬などに係る取締役会の機能の独立性・客観性と説明責任を強化するため、取締役会の下に独立社外取締役を主要な構成員とする任意の指名委員会・報酬委員会など、独立した諮問委員会を設置することにより、指名・報酬などの特に重要な事項に関する検討に当たり独立社外取締役の適切な関与・助言を得るべきである」との記載があります。

したがって、本原則をコンプライとしている多くの地方銀行においては、すでに任意の独立諮問委員会を設置して、取締役の選任・報酬等に関する審

議や、取締役会等に対する答申を行っているのではないかと思われます。

一方で、監査等委員会の職務として、取締役（監査等委員を除く）の選任・報酬等についての意見決定が会社法上規定されており、また選定監査等委員は株主総会での意見陳述権を有しています。

この関係性については、独立社外取締役が取締役会の過半数に達していない場合には、独立社外取締役やそれ以外の外部有識者等の関与をより高めて、監査等委員会とともに取締役の選任・報酬等の審議プロセスの独立性・透明性・客観性を確保すべきであるとの考え方が背景にあると思われます。

指名委員会等設置会社においても、指名委員会と報酬委員会は別々に設置されていることからも、監査等委員会への職務集中・業務量等を勘案した場合、監査等委員会設置会社においても任意の独立諮問委員会を設置することが有力な選択肢といえます。

したがって、実務上は取締役（監査等委員を除く）の選任・報酬等の意見決定の審議に際して、任意の諮問委員会の意見を検討項目の1つとして、監査等委員会としての意見を決定するのが望ましいと思われます。

⑩　監査等委員との責任限定契約

監査等委員会への移行当日の実務の項でも述べたように、会社法では原則として取締役は、その任務を怠ったときは株式会社に対し、これによって生じた損害を賠償する責任を負っていますが、監査等委員を含む非業務執行取締役等が職務を行うにつき善意でかつ重大な過失がないときは、定款で定めた額の範囲内であらかじめ株式会社が定めた額と、最低責任限度額とのいずれか高い額を限度とする旨の契約を締結することができる旨を定款で定めることができます。

この契約を締結することにより特に社外監査等委員は、過度な損害賠償責任を負わなくてもよくなりますので、監査等委員としてより適格な人材の招聘がしやすくなります。

また、法律上は非業務執行取締役等としか規定されていませんので、社内

外や常勤非常勤を問わず、監査等委員を責任限定契約の対象者とすることが
可能です。

したがって、契約対象者をだれにするかについては、各行で十分に議論す
る必要がありますが、少なくとも社外の非常勤監査等委員については、責任
限定契約を締結するのが実務上望ましいと考えます。

⑪　企業集団のガバナンス体制

業務監査の項でも述べましたが、改正会社法により企業集団の業務の適正
を確保するための体制整備義務が法律上明記されたことに伴い、各行の内部
統制システムの整備に関する基本方針のなかに、子会社の運営・モニタリン
グ体制、親銀行への報告体制、内部通報体制、監査体制等が盛り込まれまし
た。

監査等委員会においては、内部監査部門による子会社への監査結果、コン
プライアンス部門による法令等遵守体制、内部通報制度のモニタリング報告
等により、企業集団のガバナンス体制が機能しているかどうかを評価し、必
要に応じて直接的な監査を実施したうえで、改善点等があれば取締役会に報
告します。

特に、海外拠点をもつ銀行については、他業態における海外子会社での不
適切事案の頻発といった企業集団内部統制が強化された背景に鑑み、海外子
会社に潜むリスクをしっかりと認識したうえで、ガバナンス体制の実効性・
十分性を慎重に検討する必要があります。

また、子会社のうち特に連結決算に影響を与える重要な子会社について
は、親銀行の常勤監査等委員が非常勤監査役に就任し、子会社の取締役会へ
の出席を通して監督機能の発揮を促していくことも、企業集団のガバナンス
体制強化の面からは有意義なことだと考えます。

⑫　監査等委員の選任等

監査役会設置会社における監査役の任期は4年ですが、監査等委員会設置

会社における監査等委員である取締役の任期は2年となります。

　監査等委員の選任等に関しては会社法上、選任もしくは解任または辞任についての株主総会での意見陳述権が個々の監査等委員に認められている（同法342条の2第1項）ほか、取締役に対して監査等委員の選任を株主総会の目的とすることの請求権、および監査等委員の選任議案を株主総会に提出することの請求権が監査等委員会に付与されています（同法344条の2第2項）。

　また、実際に監査等委員の選任議案を株主総会に提出する際には、監査等委員会での同意を得なければならないとされています（同法344条の2第1項）。

　監査等委員の選任等に関しては、取締役（監査等委員を除く）の選任等とは異なり、監査等委員会での意見決定は法律上義務づけられてはいません。

　しかしながら、実務上は前記のとおり、監査等委員会の同意事項とされていることから、監査等委員会としての選定基準を策定しておく必要があります。

　基準の策定にあたっては、個々の候補者について各行の監査等委員指名方針や監査等委員会への出席可能性、社外役員の独立性判断基準、公正不偏の保持、経営評価能力等の適格性を慎重に検討するほか、社内外または常勤非常勤の別およびその員数、専門知識の有無、監査スキルの継続性等監査等委員会全体の構成も考慮に入れた選定基準とするのが望ましいと考えます。

第3章　地方銀行のコーポレートガバナンス戦略　115

第4章

ステークホルダーとの対話

1 機関投資家との対話

(1) スチュワードシップ・コードの改訂

　企業との建設的な対話を通じて企業の持続的成長を実現するため、機関投資家の行動規範として、7原則からなる「『責任ある投資家』の諸原則《日本版スチュワードシップ・コード》～投資と対話を通じて企業の持続的成長を促すために～」（以下「スチュワードシップ・コード」という）が、平成26年2月に策定・運用されてきましたが、平成29年5月29日にスチュワードシップ・コードに関する有識者検討会（以下「有識者検討会」という）による改訂版が、金融庁ホームページから公表されました。

　スチュワードシップ・コードではおおむね3年ごとを目途として定期的な見直しを検討することとされていたことから、金融庁・東京証券取引所に設置されたフォローアップ会議において、平成27年9月から平成28年11月まで10回にわたり、議決権行使の透明性向上や議決権行使をめぐる利益相反懸念の払しょく等に関する議論を行い、意見書として取りまとめ公表しました。

　これを受けて、金融庁では有識者検討会を設置して平成29年1月から3月にかけて、改訂内容についての議論を経て改訂版の公表に至ったものです。

　今般の改訂版における大きな変更点は、機関投資家に対して議決権行使結果を、個別の投資先企業および議案ごとに公表すべきとして、議決権行使の開示方法に関して、議決権行使結果の個別開示が原則的対応であると明示するとともに、個別開示を行うことが必ずしも適切でないと考えられる場合には、その理由を積極的に説明すべきとして、議決権行使結果の公表の充実が求められたことです。

　この個別開示により、機関投資家が投資先企業の利益よりも受益者の利益

118

を常に優先する投資行動をとることになり、利益相反の抑止が図られるとともに、適切な議決権行使により投資先企業のガバナンスの改善、企業競争力向上につながるといった効果が期待されています[1]。

(2) 議決権行使結果の公表

改訂版の公表を受けて、議決権行使結果の個別開示を行う旨を表明し、実際に個別開示を実施する機関投資家が、信託銀行や大手投信投資顧問会社を中心に増加しており、一部の機関投資家においては議決権行使の詳細な判断基準を開示したり、議決権行使方針や結果を検証する第三者委員会を設置しています。

特に金融グループ系列の運用機関における議決権行使をめぐる利益相反への適切な対応が、フォローアップ会議の意見書に記載されていることから、これらの機関投資家では特に迅速な対応が行われています[2]。

議決権行使結果の公表については今後、生命保険会社等金融グループ以外の機関投資家の個別開示方針や、現状公表が求められていない政策保有株主の動向等、各行の IR 部門や株主総会担当部門では、常に状況を把握しておくことが重要となっています。

機関投資家による改訂版にのっとった議決権行使の個別開示が今後進んでいくなかにおいて、銀行提案議案に相当数の反対票が投じられた場合には、コーポレートガバナンス・コード補充原則 1 - 1 ①に従い、原因分析や株主との対話の要否について検討を行う必要があります。

しかし、最近では大株主の上位に証券保管銀行（カストディアン）が名義株主として名を連ねており、実際の議決権行使権限者がだれなのかわからな

1　平成29年5月29日「責任ある機関投資家」の諸原則《日本版スチュワードシップ・コード》～投資と対話を通じて企業の持続的成長を促すために～スチュワードシップ・コードに関する有識者検討会

2　弁護士・ニューヨーク州弁護士・公認会計士 浜田宰「議決権行使結果の個別開示をめぐる議論と機関投資家の対応状況」平成29年9月25日（商事法務2145号）

い場合があります。

　このような場合に備えて「実質株主判明調査」を実施し、株主名簿上の名義株主ではわからない実質株主・機関投資家を定期的に把握しておくことが望ましいと思われます。

　実質株主判明調査は信託銀行系列・証券会社系列・独立系の複数の調査会社で業務受託していますので、各行の株主構成や調査希望範囲に応じて委託先の選定が可能です。

　実質株主を把握することにより、機関投資家との対話の道が開け、積極的な対話を行うことで自行の将来ビジョン・経営方針等についての理解が深まり、株主総会議案の賛成率向上につながった例もあることからぜひ検討されることをお勧めします。

⑶　議決権電子行使プラットフォームの活用

　機関投資家は1社で数多くの投資先企業を抱えていることから、その議決権行使にあたって各企業の株主総会議案を継続的に調査している、いわゆる議決権行使助言会社のアドバイスを活用する事例がみられます。

　特に海外の機関投資家においては、ISS社（Institutional Shareholder Services Inc.）やグラスルイス社（Glass Lewis & Co.）の判断に依存して議決権行使を行う傾向が強いことから、外国人持株比率の高い銀行ではこれらの議決権行使助言会社の判断が、株主総会議案の賛成率に与える影響は比較的大きいといえます。

　これら国内外の機関投資家の議決権行使に対応する仕組みとして、議決権電子行使プラットフォーム（以下「プラットフォーム」という）の活用があげられます。

　一般的な電子投票では利用対象者は名義株主に限定されるため、名義株主が前述の証券保管銀行の場合は、実質株主である機関投資家等の意向を確認したうえで議決権行使を行う必要がありますが、このプラットフォームは実

質株主が直接利用でき、かつ議決権行使期限内であれば何度でも議決権を行使できます。

　したがって、機関投資家としては、書面行使や一般的な電子投票に比べて議決権行使にかかる検討時間がより多く確保できるようになるほか、企業側にとっても投票状況を議決権行使結果確認サイトでつど確認できるため、賛否動向の早期把握が可能になります。

　加えて、議決権行使結果をふまえた投資家に対する追加情報の発信が可能となることから、たとえば投資家がいったん「反対」として議決権を行使した後、それを確認した企業側から追加情報が寄せられ、その内容を加味して再度検討し直した結果、「賛成」として再度議決権行使する、といったことが可能になります。

　コーポレートガバナンス・コードでも、議決権行使環境の整備に関して「上場会社は、自社の株主における機関投資家や海外投資家の比率等も踏まえ、議決権の電子行使を可能とするための環境作り（議決権電子行使プラットフォームの利用等）や招集通知の英訳を進めるべきである」（同コード補充原則１−２④）としており、地方銀行においても議決権行使に係る機関投資家との対話ツールとして、プラットフォームのよりいっそうの活用が望まれます。

⑷　会社説明会（IR）

　機関投資家との対話で最も一般的に行われているのが、会社説明会（IR）です。

　会社説明会では機関投資家やアナリスト等に対して、経営トップである頭取が自行の決算状況や中期経営計画の内容・進捗状況、将来ビジョン等を説明したうえで、質疑応答を中心とした投資家等との対話を行っています。

　会社説明会は大きく分けて不特定多数の機関投資家等を集めて開催するラージミーティングと、個別の機関投資家等と相対で実施するスモールミー

ティングがあり、また外国人投資家比率が比較的高い銀行では海外での会社説明会を開催しているところも見受けられます。

ラージミーティングに関しては各行とも最低年１回以上は開催しているものと思われますが、スモールミーティングの実施状況については各行で対応が異なっているようです。

経営トップの方針・メッセージをダイレクトに機関投資家に発信していくとともに、機関投資家側の議決権行使方針・基準や改訂版では説明が求められていない具体的な賛否理由を確認するためには、今後各行ともスモールミーティングの充実を検討していく必要があると思われます。

スチュワードシップ・コードにおいても機関投資家に対して、「投資先企業との建設的な目的を持った対話を通じて、投資先企業との認識の共有を図るとともに、問題の改善に努めるべきである」（同コード原則４）として、企業との対話の充実を求めていることから、機関投資家との対話環境の整備は着実に進んでいるものと考えます。

一方で、平成29年５月17日に「金融商品取引法の一部を改正する法律」が可決され、平成30年４月１日から施行されていますが、同法には「上場会社等、上場法人等の資産運用会社、それらの役員等」が、その業務に関して、金融商品取引業者などといった「取引関係者」に、その上場会社等の（未公表の）「重要情報」の伝達を行う場合には、その伝達と同時に、その重要情報を「公表」しなければならない、いわゆるフェア・ディスクロージャー・ルールが盛り込まれました[3]。

したがって、今後会社説明会、特にスモールミーティングのような相対で行う説明会の開催に際しては、投資家への説明内容や投資家からの質問への回答等が、同法に抵触しないようディスクロージャー・ポリシーの策定や関連規程の整備等、万全の体制を構築したうえで臨む必要があります。

3 　平成29年６月８日大和総研ホームページ「フェアディスクロージャー・ルールの導入」
　　金融調査部主任研究員　横山淳

2 一般株主に応える

(1) 株主総会招集通知

　企業が個人株主を中心とした一般株主と対話する機会として最も一般的なものが定時株主総会の場であり、その定時株主総会の開催案内である株主総会招集通知（以下「招集通知」という）も、ディスクロージャー誌やホームページ等に掲載されるプレスリリース等と並んで有効なコミュニケーションツールであるといえます。

　招集通知は株主総会の開催日時、場所、目的事項等のいわゆる招集通知以外に、事業報告、計算書類、連結計算書類、監査報告書、さらには議案および参考事項からなる株主総会参考書類で構成されていますが、計算書類等のうち注記表等、一部の書類については、法令および定款の規定に基づきホームページに掲載することをもって、招集通知添付書類には記載しない対応としているのが一般的となっています。

　招集通知への記載事項や株主への送付期限等に関しては、法令等で規定されていますが、工夫次第では株主に対してよりわかりやすい内容とすることが可能となります。

　たとえば、招集通知への記載内容については、文字サイズの拡大、カラー表示、グラフ・表の多用化、取締役候補者の写真掲載等の視覚面に加え、取締役候補者の選任理由、社外取締役の独立性判断基準等の任意記載、海外株主向けの英文での招集通知作成等、コーポレートガバナンス・コードで求めている情報開示の充実に向けて、主体的に情報発信を行っている事例も見受けられます。

　また、招集通知の早期発送や招集通知発送前の Web 開示等送付情報の早

第4章　ステークホルダーとの対話　123

期開示に関する取組みも着実に進展しており、招集通知を介した株主との対話環境の整備がますます重要となっています。

(2) 株主総会の運営

　株主総会の運営については、株主との建設的な対話の充実等の観点から、株主総会開催日の日程への配慮が徐々に進んでおり、いわゆる総会集中日に開催する企業数の割合は3月期決算の上場会社では30％弱まで低下しています[4]。

　しかしながら、まだ多くの企業が総会基準日を3月末日としていることから、開催週でみた場合には集中週の解消までには至っていないのが現状です。

　株主総会の議決権基準日は、あらかじめ定款に定めておくことで公告が不要になることから、各企業とも定款に定めているのが一般的ですが、今後株主との対話重視の観点から定款変更を実施し、基準日を変更する企業が増加していくかどうかは、現時点では不透明な状況です。

　一方、株主総会の平均所要時間については長時間化の傾向が続いており、議案数にもよりますが、株主の発言が増加してきていると考えられます。

　また、なるべく多くの株主との対話機会を確保するため、株主1人当りの発言数、発言時間に制限を設ける企業が、大企業を中心に高まる傾向にあります。

　株主からの質問への答弁については、専門用語・業界用語・社内用語は避け、わかりやすい平易な表現を心がけるとともに、答弁内容については他の開示資料との整合性や前述のフェア・ディスクロージャー・ルールに留意する必要があります。

　なお、最近では株主総会出席者へのお土産の廃止が話題となっています

4　平成29年12月1日（商事法務臨時増刊号）株主総会白書。

が、お土産のあり方に関しては、費用面は別にして、より多くの株主との対話機会の確保と出席株主と欠席株主との公平性の両面から慎重な検討が必要と思われます。

(3) 株主総会以外での対話

コーポレートガバナンス・コード基本原則5では、「上場会社は、その持続的な成長と中長期的な企業価値の向上に資するため、株主総会の場以外においても、株主との間で建設的な対話を行うべきである」として、株主からの面談に応じる体制はもちろんのこと、企業側からも積極的に対話機会をつくっていくことを求めています。

特に、地方銀行の場合には、各行で重要な営業基盤と位置づけている地元および準地元においては、株主イコール重要顧客である場合が多いことから、すでに各行とも個人株主との意見交換会や取引先懇談会、業績説明会等の名称で、株主との対話に取り組まれているものと思われます。

また、各営業店では支店長を中心に、日々の営業活動のなかで常に株主である顧客に接していて、さまざまな意見を吸収しています。

重要なことは、これらの場で出された株主意見が、行内のIR担当部署を通じて経営陣に報告され、経営陣の指示のもと、行内で検討が行われ、その結果がまた株主に還元されるような体制が構築されていることです。

株主との「対話を通じて株主の声に耳を傾け、その関心・懸念に正当な関心を払うとともに、自らの経営方針を株主に分かりやすい形で明確に説明しその理解を得る努力」を行うことが、まさにいま、経営陣に求められています。

3 その他のステークホルダーと向き合う

(1) 職員との協働

　地方銀行がこれからも持続的成長と中長期的な企業価値の向上を実現していくためには、顧客や地域社会といった株主以外のステークホルダーとの関係構築が重要な要素となりますが、そのためには常日頃から、これらのステークホルダーと接点をもっている職員との協働が必要不可欠です。

　各行ともこれまで職員に対して、経営理念や行動指針等を経営トップのメッセージとして繰り返し発信し、企業文化・風土の醸成に努めてきましたし、引き続き充実した取組みを継続していくことが、コーポレートガバナンス・コードにおいても求められています。

　特に、行内通達や各種会議といったどちらかというと指示・示達といった経営側からの一方通行となりがちな発信手段だけではなく、各階層別研修や行内IRと称した各部店やブロック単位で役員と職員との対話の機会等を設けて、役員自らが直接職員に対して語りかけ、また職員が日頃感じていることや自身の考えを意見として汲み上げ、それに対する具体的方針・対応を行内にフィードバックして行内認識の共有化を培っていくことが大事です。

　このような役員と職員との双方向コミュニケーションの充実を図ることにより、組織としての一体感・協働意識が組織内の隅々にまで浸透し、それが企業としての強いメッセージとして顧客や地域社会に発信されることにつながっていきます。

⑵　地域社会との共生

　地方銀行にとっての営業基盤はいうまでもなく各行が存立している地域であり、業務を通してこの地域社会の発展に貢献することが、地方銀行の企業価値向上につながります。

　したがって、地域社会というステークホルダーとの共生は、地方銀行にとってのいわば使命であり、地域との共生なくして地方銀行の存続はないといっても過言ではありません。

　各行においても、企業理念や経営方針等に「地域（社会）」という言葉を掲げて、産業・福祉・環境・文化・スポーツ・教育等さまざまな分野で、地域社会への各種金融サービスの提供や社会貢献（CSR）活動を実践し、地域の発展・成長に寄与してきたことはいうまでもありません。

　また、金融当局においてもこれまで、「リレーションシップバンキングの機能強化計画」（平成15〜16年）、「地域密着型金融推進計画」（平成17〜18年）、「金融仲介機能のベンチマーク」（平成28年〜）等の方針のもと、地方銀行に対して地域社会との関係を重視した企業活動を促しています。

　そのなかにあって、昨今特に重要な取組みとなっているのが、「地方創生」をキーワードとした都道府県・市町村といった各地方自治体および関係団体との関係強化です。

　これまで地方銀行と各自治体とは、指定金融機関業務等の財政面での取引関係が中心でしたが、地方における少子高齢化が今後も確実に進展するなか、現在、各自治体では人口減少や経済活性化対策等をメインとした地方創生に向けた総合戦略の各施策に、最優先課題として取り組んでおり、地方銀行としても財政に限らず自治体を中心として、経済・商工団体や大学、NPO法人といった地域の各関係団体との連携を密にして、地方創生に向けた取組みに積極的に関与していくことが求められています。

　たとえば、地元雇用拡大に向けた創業・起業支援事業、県内への定住・移

住促進のための空き家バンク事業、女性の就労機会拡大に向けた子育て・シングルマザー支援事業、県内企業への学生のインターンシップ事業、県産品の販路拡大・ビジネスマッチング事業、海外からの観光客誘致（インバウンド）事業、雇用者の健康増進に向けた健康経営事業等さまざまな分野において、地方銀行がもつノウハウ、ネットワーク、金融サービス等の活用が考えられます。

地方銀行には、主体的行動を通して地域社会における各ステークホルダー同士の連携・活性化を図り、地方創生実現に向けての中心的役割を果たすことが期待されています。

(3) 当局との対話

企業等に対する金融仲介機能の発揮や円滑な資金供給等、社会インフラとしての役割が常に求められる金融機関にとって、これまでも金融システムの安定的な維持の観点から、金融当局の指導・監督を受けてきました。

しかしながら最近になり、金融当局はこれまでの規制中心のルールベースの行政方針を転換し、各金融機関の自主性を尊重するプリンシプルベースの方針に大きく舵を切りました。

特に、平成28事務年度の金融行政方針では、その基本方針として、人口の減少や高齢化、あるいは低金利環境の継続、金融テクノロジーの進展等金融を取り巻く環境が大きく変化し、横並びで単純な量的拡大競争に集中するような銀行のビジネスモデルは限界に近づいているとして、将来にわたり持続可能なビジネスモデルへの転換と顧客本位の業務運営（フィデューシャリー・デューティー）の実践により、企業の生産性向上や国民の資産形成を助け、結果として金融機関自身も安定した顧客基盤と収益を確保するという好循環（顧客との「共通価値の創造」）を目指すことを金融機関に求めています。

また、金融当局・金融行政運営の変革として、顧客が自らのニーズや課題解決に応えてくれる金融機関を主体的に選択できるようにするため、顧客本

位の取組みの自主的開示（見える化）を金融機関に促すとともに、そのモニタリングや金融機関との「深い対話」を通じて、ベストプラクティスに向けた取組みの高度化を図るとしています。

この「金融機関との対話」の考え方は、平成29事務年度の金融行政方針においても踏襲されており、

① 持続可能なビジネスモデルの構築
② 経済・市場環境の変化への対応
③ 金融ビジネスの環境変化に対応したガバナンスの発揮

といった地域金融機関に対する対応方針に、「経営陣や社外取締役と深度ある対話を行い、課題解決に向けた早急な対応を促す」や、「金融仲介機能を客観的に評価できる共通の指標群を活用した深度ある対話と『見える化』の促進」「諸課題の解決に向けた取組みについて対話を行う」「金融機関と改善に向けた対話を行う」等の表現で盛り込まれています。

その意味においても、今後当局との対話頻度・深度は従来以上に増していくことは確実と思われ、各行とも持続可能なビジネスモデルやフィデューシャリー・デューティー等の確立と定着に向けて、当局との対話を重視した経営陣の関与・対応が強く求められます。

第4章　ステークホルダーとの対話　129

第5章

会計監査人との付き合い方

1 総　説

(1)　会計監査人設置義務

　会社法上、大会社（資本金５億円以上または負債総額200億円以上の株式会社）は、会計監査人の設置を義務づけられており（同法328条）、監査等委員会設置会社は会計監査人を置かなければならないと規定されています（同法327条５項）。地方銀行は、すべて大会社ですから会計監査人設置会社となっています。

　さらに、会社法は、会計監査人の資格として公認会計士または監査法人であることを求めています（同法337条１項）。

　地方銀行においては、上場会社の監査を担当する能力を有しているとして、日本公認会計士協会において「上場監査事務所」として登録されている監査事務所のうち、大手監査法人との間で監査契約を締結しているケースが多いと思われます。

　会計監査人の任期は選任後１年以内に終了する事業年度のうち最終のものに関する定時株主総会の終結時までとされており（同法338条１項）、原則毎年の株主総会において選任されることになりますが、株主総会に議案提出がなく、かつ別段の決議がなされなかったときはその会計監査人は再任されたものとみなされます（同条２項）。

　なお、改正会社法によって株主総会に提出する会計監査人の選任および解任ならびに会計監査人を再任しないことに関する議案の決定は、監査役会設置会社では、監査役会の権限とされ（同法344条１項・３項）、監査等委員会設置会社においても監査等委員会の権限となっています（同法399条の２第３項２号）。

132

⑵　会計監査人による監査業務

　地方銀行における会計監査人の監査業務は、会社法に基づく監査と金融商品取引法に基づく監査に大別されます。

　前者の監査対象は計算書類および附属明細書ならびに連結計算書類であり、後者の監査対象は財務諸表および連結財務諸表、中間財務諸表および中間連結財務諸表、四半期連結財務諸表、財務報告に係る内部統制報告書となります。

　具体的な監査手続は、金融商品取引法や会社法関連法令、日本公認会計士協会の監査基準委員会報告書および各監査法人の監査基準、監査に関する品質管理基準、不正リスク対応基準等に基づき、一般に公正妥当と認められる監査の基準に準拠して、重要な虚偽表示リスクの識別・評価を行い、往査や決算書分析あるいは経営者等とのコミュニケーションを通じて監査を実施し、監査意見というかたちで報告書を提出します。

　監査意見には「無限定適正」「限定付適正」「不適正」「意見不表明」の4種類がありますが、通常は（連結）計算書類等に係る期間の財産および損益の状況をすべての重要な点において適正に表示しているとする無限定適正意見が付されます。

　株式会社においては会社法上、計算書類は取締役会の承認を受けたうえで、定時株主総会に提出しその承認を受けなければならない（同法438条2項）とされていますが、会計監査人設置会社については、監査役または監査等委員会および会計監査人の監査を受けており、かつ会計監査人の監査の方法または結果が相当でないとする監査役または監査等委員会の意見がなければ、株主総会での承認事項ではなく報告事項となります（同法439条）。

第5章　会計監査人との付き合い方　133

⑶　会計監査人の独立性および責任

　会計監査人には常に公正不偏の態度の保持および職業的懐疑心の発揮が求められており、公認会計士法の遵守はもとより会計士業界の自主規制として日本公認会計士協会が定めた「独立性に関する指針」にのっとり、独立性を維持します。

　会計監査人に求められる独立性には、職業的専門家としての判断を危うくする影響を受けることなく、結論を表明できる精神状態を保ち、誠実に行動し、公正性と職業的懐疑心を堅持できる精神的独立性と、事情に精通し合理的な判断を行うことができる第三者が、すべての具体的事実と状況を勘案し、会計監査人の精神的独立性が堅持されていないと判断する状況にない外観的独立性があります。

　会計監査人の責任とは、財務諸表についてわが国において一般に公正妥当と認められる監査の基準に準拠して監査を行い、監査意見を表明することです。

　ただし、会計監査人の監査は経営者または監査役・監査等委員の責任を代替するものではなく、経営者においては適用される財務報告の枠組みに準拠して財務諸表を作成する責任や、財務諸表の作成に関連すると認識しているまたは監査に関連して会計監査人が依頼したすべての情報および情報を入手する機会を会計監査人に提供する責任、いわゆる財務諸表の作成責任を負っています。

　また、監査役・監査等委員会は、会計監査人の公正不偏・独立性の保持状況や監査品質を監視検証し、監査の方法および結果の妥当性についての意見形成を行う責任があります。

2 会計監査人の選任、解任

(1) 選解任方針の決定

　改正会社法により株主総会に提出する会計監査人の選任および解任ならびに会計監査人を再任しないことに関する議案の内容の決定が、監査役会または監査等委員会の職務となったことから、会計監査人の解任または不再任の決定の方針について監査役会や監査等委員会で定める必要があります。

　このうち解任については、会社法340条に規定があり、

① 　職務上の義務に違反し、または職務を怠ったとき

② 　会計監査人として相応しくない非行があったとき

③ 　心身の故障のため、職務の執行に支障があり、またはこれに堪えないとき

のいずれかに該当するときは、監査役または監査等委員全員の同意に基づき会計監査人を解任することができるとされています。

　したがって、方針を定めるにあたっては、上記に関する対応方針は最低限盛り込む必要があり、加えて法定事由以外にどのような検討項目、判断プロセスを経て会計監査人の選解任・再任不再任を決定するのかを盛り込んだ方針とするべきです。

　なお、この会計監査人の解任または不再任の決定の方針については、事業報告への記載事項となっています（同法施行規則126条4号）。

(2) 会計監査人監査の相当性評価

　総説の項でも述べましたが、会計監査人設置会社においては当該事業年度

第5章　会計監査人との付き合い方　135

の計算書類について、株主総会の承認事項とはせず報告事項とするためには、会計監査人の監査の方法または結果が相当でないとする監査役会または監査等委員会の意見がないこと、言い換えると会計監査人の監査方法・結果が相当である旨の監査役会または監査等委員会意見が必要です。

　このため監査役会または監査等委員会において、会計監査報告および監査に関する資料の調査結果や、会社計算規則で特定監査役または特定監査等委員への報告が義務づけられている会計監査人の職務の遂行に関する事項の内容等をふまえ、会計監査人監査の相当性評価を実施したうえで監査報告書にその旨を記載することになります。

　会計監査人監査の相当性判断にあたっては、後述する会計監査人の評価基準と内容が一部重複しますが、「監査の方法」に関しては、

① 　監査役または監査等委員とのコミュニケーションの適切性

② 　品質管理システムの有効性

③ 　会計監査人の独立性

④ 　外部審査機関によるレビュー結果とその改善状況

⑤ 　行政処分の有無、および有の場合はその改善状況

⑥ 　監査計画の適切性

⑦ 　監査チーム体制および監査の方法および実施状況の適切性

⑧ 　個別監査項目に対する監査手続の適正性

⑨ 　会計監査および四半期レビュー結果報告とその内容

⑩ 　監査役会または監査等委員会に対する報告義務の履行状況

⑪ 　監査役または監査等委員との連携の有効性

　また、「監査の結果」に関しては、

① 　会計監査人からの監査報告書が適正に作成されているか

② 　日本公認会計士協会の監査基準に準拠して十分な監査証拠を入手して適切な監査意見を出しているか

といった判断項目を総合的に勘案して、監査役会または監査等委員会としての総合判断を行います。

(3)　会計監査人の選解任決議

　会計監査人の選解任方針の決定の項で述べたように、会計監査人の選解任・再任不再任の決定は、会社法上監査役会または監査等委員会の職務となっているため、監査役会または監査等委員会において当該事業年度の会計監査人評価を実施したうえで、翌事業年度の会計監査人を決定する必要があります。

　会計監査人評価に際しては、解任および不再任方針にのっとった評価基準を作成したうえで評価を実施するのが実務上一般的な手法と思われます。

　会計監査人の評価基準については、日本監査役協会のホームページに「会計監査人の評価及び選定基準策定に関する監査役等の実務指針」（平成29年10月13日改定版）としてひな型が掲載されておりますが、主な評価項目としては、

① 　会社法上の解任・欠格事由への抵触の有無や日本公認会計士協会の上場監査事務所登録状況

② 　監査法人の品質管理体制や日本公認会計士協会および公認会計士監査審査会による品質管理レビューや検査結果

③ 　監査チームにおける独立性の保持・職業的専門家としての懐疑心の発揮状況、メンバー構成の適切性

④ 　監査報酬水準の妥当性・適正性

⑤ 　監査役等および経営者等とのコミュニケーションの有効性・十分性

⑥ 　不正リスクに関するリスク評価の適切性およびリスク対応の十分性

等があげられますので、個々の評価項目について評価を行うとともに、会計監査人評価アンケート等による本部各部の評価結果や必要に応じて取締役の意見を聴取したうえで、最終的に会計監査人の再任・不再任についての監査役会または監査等委員会としての総合判断を行います。

　なお、再任という判断に至った場合には、代表取締役に対してその旨を報

第5章　会計監査人との付き合い方　137

告するとともに、あわせて本再任については株主総会の目的事項としないことの報告および翌事業年度の監査報酬額の決定を依頼します。

一方で再任が不適当という判断に至った場合には、すみやかに新たな会計監査人候補者の検討を行うとともに、株主総会に提出する会計監査人の選任および解任ならびに不再任に関する議案の決定を行い、株主総会参考書類に不再任とした理由（同法施行規則81条3号）および新たな会計監査人候補者の選任理由（同法施行規則77条3号）について記載することになります。

したがって、会計監査人評価については、不再任という事態も想定してスケジュールに余裕をもって実施する必要があり、遅くとも3月までには方針を決定しておくことが望ましいと思われます。

3 監査計画と監査報酬

(1) 監査および四半期レビュー計画

　会計監査人との監査契約の締結が終了すると、会計監査人から監査役会または監査等委員会に対して監査および四半期レビュー計画の説明があります。

　会計監査人による監査業務の項で述べたように、上場地方銀行の場合には会社法に基づく監査と金融商品取引法に基づく監査があり、前者は計算書類・連結計算書類監査、後者は財務諸表・連結財務諸表監査、内部統制監査、四半期レビューとなります。

　また、監査の結果として会計監査人の意見を付した監査報告書が作成・提出されますが、四半期レビューについては対象となるのが連結財務諸表のみであるため、中間・期末監査に比べて監査の範囲や深度が限定されています。

　監査計画では、

① 監査（期末・中間・四半期レビュー）の基本アプローチ

② リスクの識別・評価（特に重要な虚偽表示リスクと特別な検討を必要とするリスクおよび監査重点項目）と実証手続

③ 内部統制監査の基本アプローチと評価手続

④ 経営者等および監査役会・監査等委員会とのコミュニケーション予定

⑤ 監査チーム体制・計画日数・往査予定

⑥ グループ監査

⑦ 新たに適用となる会計基準および会計基準の変更

等の内容について、会計監査人から説明を受けます。

第5章　会計監査人との付き合い方　139

監査・四半期レビュー計画説明時における監査役会・監査等委員会としての確認事項としては、会計監査人のリスク識別・評価の妥当性、実証手続の適切性、グループ監査の十分性、監査役または監査等委員会監査計画との整合性等があげられます。

(2) 報酬決定と報酬同意

会計監査人の監査報酬については、会社法改正後も引き続き取締役（業務執行側）が定めるものとされていますが、報酬決定に際しては、監査役会または監査等委員会の同意を得なければならない旨規定されています（同法399条1項～3項）。

したがって、代表取締役等（業務執行側）から、監査契約締結に際して会計監査人の報酬に関する同意を求められた場合には、監査役会または監査等委員会において審議のうえ意見形成を行うことになります。

具体的な同意手続としては、行内関係部署および会計監査人から審議に必要な資料を入手するとともに、非監査業務の委託の有無やある場合にはその報酬の妥当性を確認のうえ、会計監査人の報酬額、監査チームその他監査契約の内容の適切性について検討します。

加えて、会計監査人の当事業年度の監査計画の内容、報酬見積りの算出根拠および前事業年度の職務遂行状況等が適切であるかについて確認します。

特に、当事業年度の監査計画における監査チームの人員構成・経験・能力・業務執行社員の関与度合いや、前事業年度との往査日数増減項目について、監査の実効性・十分性の観点から慎重に検討することが必要です。

なお、会計監査人の報酬額についての監査役会または監査等委員会同意理由は、当事業年度終了後の事業報告への記載事項となっています（同法施行規則126条2号）。

また、監査等委員会設置会社移行年度の報酬同意が、移行前の監査役会においてなされた場合には、移行初年度の事業報告には、監査役会同意理由を

140

掲載することで足り、監査等委員会設置会社移行後にあらためて監査等委員会として同意決議する必要はないと解されています。

(3) 会計監査人との連携

　監査役会または監査等委員会と会計監査人とは、原則毎月意見交換の場を設けるべきと考えます。四半期ごとのレビュー結果の報告を受けるだけではなく、監査の進捗状況、被監査部署との質疑応答内容、監査の過程で発生した課題等の有無等について意見交換を行い、会計監査人が実効的かつ効率的な監査を実施しているかどうかや監査品質の検証を行います。

　特に、会計監査人が監査の過程で取締役の職務の執行に関し不正の行為または法令もしくは定款に違反する重大な事実があることを発見したときは、遅滞なく監査役会または監査等委員会に報告する義務が会社法上規定されています（同法397条１項・３項・４項）ので、遵守状況をつど確認することが重要です。

　また、後述する「監査法人の組織的な運営に関する原則」に関する事項や会計監査人が属する監査法人の決算内容の説明を求めることも、コミュニケーションツールの１つになると思われます。

　なお、会計監査人との意見交換には、三様監査の実効性確保の観点から原則として内部監査部門の人間を同席させて、三者間のコミュニケーションの促進、連携強化を図ることが望ましいと考えます。

　その他監査役会または監査等委員会としては、業務監査の過程において知りえた情報のうち、会計監査人の監査に参考となる情報や影響を及ぼすと認められる事項については、積極的に会計監査人に情報提供したり、スムーズな監査証拠の入手体制等会計監査人の監査環境の整備に努めることも重要です。

第５章　会計監査人との付き合い方　141

**監査法人の組織的な運営に関する原則
（監査法人のガバナンス・コード）**

(1) 「監査法人の組織的な運営に関する原則」導入の背景

　日本国内における大手上場企業の会計不祥事を機に、資本市場を支える重要なインフラである会計監査の信頼性を確保するため、金融庁は平成27年10月、「会計監査の在り方に関する懇談会」を設置し、平成28年3月には大手上場企業等の監査を担う監査法人の組織的な運営に関する原則を規定した「監査法人のガバナンス・コード」の策定が提言されました。

　これを受けて、平成28年7月に「監査法人のガバナンス・コードに関する有識者検討会」が設置され、5回にわたる審議を経て同年12月にパブリック案を策定・公表し、広く意見を募りました。

　そして平成29年3月、寄せられた意見も参考にしつつ「監査法人の組織的な運営に関する原則」（監査法人のガバナンス・コード）が取りまとめられ、金融庁から公表されました[1]。

(2) 監査法人のガバナンス・コードの概要

　公表文では監査法人のガバナンス・コードは、組織としての監査の品質の確保に向けた5つの原則と、それを適切に履行するための22の指針から構成されており、

・監査法人がその公益的な役割を果たすため、トップがリーダーシップを発揮すること

1　金融庁ホームページ平成29年3月31日「監査法人の組織的な運営に関する原則（監査法人のガバナンス・コード）の確定について」。

・監査法人が、会計監査に対する社会の期待に応え、実効的な組織運営を行うため、経営陣の役割を明確化すること
・監査法人が、監督・評価機能を強化し、そこにおいて外部の第三者の知見を十分に活用すること
・監査法人の業務運営において、法人内外との積極的な意見交換や議論を行うとともに、構成員の職業的専門家としての能力が適切に発揮されるような人材育成や人事管理・評価を行うこと
・さらに、これらの取組みについて、わかりやすい外部への説明と積極的な意見交換を行うこと

などを規定しています。

また、「大手監査法人をはじめとする各監査法人が、本原則をいかに実践し、実効的な組織運営を実現するかについては、それぞれの特性等を踏まえた自律的な対応が求められており、本原則の適用については、コンプライ・オア・エクスプレインの手法によることが想定されているため、各監査法人においてはそれぞれの発意により、実効的な組織運営の実現のための改革が強力に進められていくことを期待したい」と記載されており、監査法人に対して積極的なガバナンス改革を求める内容となっています。以下では、5つの原則について紹介します。

【監査法人が果たすべき役割】

> **原則1　監査法人は、会計監査を通じて企業の財務情報の信頼性を確保し、資本市場の参加者等の保護を図り、もって国民経済の健全な発展に寄与する公益的な役割を有している。これを果たすため、監査法人は、法人の構成員による自由闊達な議論と相互啓発を促し、その能力を十分に発揮させ、会計監査の品質を組織として持続的に向上させるべきである。**

原則1では監査法人が果たすべき役割について規定しており、トップの姿

第5章　会計監査人との付き合い方　143

勢や職員の行動指針の明確化等具体的に5つの指針が示されています。

【組織体制】

> **原則2　監査法人は、会計監査の品質の持続的な向上に向けた法人全体の組織的な運営を実現するため、実効的に経営（マネジメント）機能を発揮すべきである。**
>
> **原則3　監査法人は、監査法人の経営から独立した立場で経営機能の実効性を監督・評価し、それを通じて、経営の実効性の発揮を支援する機能を確保すべきである。**

　原則2と原則3は組織体制について規定しており、原則2では実効的な経営機能の発揮、原則3では独立した立場での監督・評価機能の確保について規定しており、各々、経営機関の強化等3つの指針、第三者の知見を活用した監督・評価機関の設置等4つの指針が示されています。

【業務運営】

> **原則4　監査法人は、組織的な運営を実効的に行うための業務体制を整備すべきである。また、人材の育成・確保を強化し、法人内及び被監査会社等との間において会計監査の品質の向上に向けた意見交換や議論を積極的に行うべきである。**

　原則4は業務運営について規定しており、体制整備や人材育成、被監査会社とのコミュニケーション促進等5つの指針が示されています。

【透明性の確保】

> **原則5　監査法人は、本原則の適用状況などについて、資本市場の参加者等が適切に評価できるよう、十分な透明性を確保すべきである。また、組織的な運営の改善に向け、法人の取組みに対する内**

> 外の評価を活用すべきである。

　原則5では透明性の確保について規定しており、ステークホルダー向けのディスクローズ促進等5つの指針が示されています。

(3)　コード遵守状況の監査

　監査法人のガバナンス・コードの公表を受けて、大手監査法人を中心に当該コードの実施状況について、各社のホームページ等に公開しているほか、「監査品質に関する報告書」等を作成し、被監査企業を対象にした説明会を開催しているところもあります。

　監査法人のガバナンス・コードは、監査法人にはもちろんですが、監査契約を締結している被監査企業の監査実務にも少なからず影響を及ぼすといわれています。

　具体的には会計監査人の評価に関して、当該コードへの対応状況を評価項目に加えた評価基準を新たに策定する必要があるということです。

　当該コードに対する会計監査人である監査法人の対応状況について、コンプライ項目であれば報告書記載内容どおりの運用がなされているかどうか、またエクスプレイン項目があるとすれば、その理由および今後の方針に妥当性があるか、といった点について会計監査人の評価項目に追加して評価を実施することで、会計監査人の選解任手続や株主に対する選任理由の充実が図られることにつながります。

　会計監査人である監査法人のガバナンス向上は、監査品質の向上を通じて被監査企業のガバナンス向上に寄与するものであり、監査役会または監査等委員会としても当該コードの内容を十分に理解したうえで、会計監査人である監査法人の当該コードへの取組状況を、会計監査人の職務執行状況や会計監査人との意見交換等のなかで確認・分析し、ガバナンスの実効性を検証していく必要があります。

第5章　会計監査人との付き合い方　145

5 会計監査の改正に向けた議論

(1) 監査報告書の透明化

　前述の「会計監査の在り方に関する懇談会」の提言内容は全部で、

① 監査法人のマネジメントの強化

② 会計監査に関する情報の株主等への提供の充実

③ 企業不正を見抜く力の向上

④ 「第三者の眼」による会計監査の品質のチェック

⑤ 高品質な会計監査を実施するための環境の整備

の5項目にわたっており、監査法人のガバナンス・コードの策定は、①監査法人のマネジメントの強化の項目に明記されています。

　これ以外に、現在具体的な議論が進められているものの1つが、②会計監査に関する情報の株主等への提供の充実の項目にある、「監査報告書の透明化（長文化)」についてです。

　上記懇談会の提言では、「企業の株主は、会計監査の最終的な受益者であり、株主総会において、監査人の選解任を最終的に決定する役割を担っている」として、「株主の判断が適正に行われるためには、監査役会等による監査人の評価を含め、株主に必要な情報提供が行われることが前提」で、「企業、監査法人、当局のそれぞれにおいて、会計監査に関する情報の株主等への提供の充実に取り組み、会計監査の透明性向上に努めるべきである」とされています。

　この提言を受けて金融庁では、5回にわたり各関係団体との意見交換を実施し、平成29年6月に議論の取りまとめを公表、同年9月から金融庁長官の諮問機関である企業会計審議会において監査基準の改訂に向けた議論がス

タートしています。

　監査報告書の透明化とは具体的には、現在の監査報告書が企業の財務諸表が適切な会計処理で正しく表示されているかどうかを4段階の簡潔な表現で評価するにとどまっていますが、この基準を改訂し将来起こりうる事象や規制変更の影響等、代表取締役等とのコミュニケーションを通して監査人が着目した会計監査上の重要な事項（Key Audit Matters：KAM）に関する情報に関しての監査プロセスや監査人の意見を、監査報告書に記載するよう求めるものです。

　このKAMの記載によって監査報告書の情報価値が高められ、財務諸表利用者の理解が深まるとともに、企業と財務諸表利用者との対話の充実促進、企業と監査人とのコミュニケーションのさらなる充実ひいては監査品質の向上につながるといった効果が期待される一方で、KAMとして記載すべき項目をどのように選択し、どのような記載内容とすべきか、あるいは企業・監査人双方でどのような手続が必要になるのか等の実務上の課題があります。

　また、監査役等の視点からもKAMの決定に際して適切性等の観点からどのように監査役等が関与すべきか、監査役等の監査報告書の作成にあたり、KAMについてどのようなかたちで報告書内容に反映させていくのか等さまざまな課題が考えられます。

　こうしたなか、本年5月8日に企業会計審議会から、監査基準の改訂についての公開草案が示されています[2]。

　公開草案では、監査報告書におけるKAMの位置づけを明確化したうえで、その決定プロセスおよび監査報告書への記載内容等について規定しているほか、監査意見が無限定適正意見以外の場合の取扱いや、企業開示との関係についても考え方を整理しています。

　また、報告基準に関するその他の改訂事項では、財務報告プロセスの監視に関する監査役等の責任の記載や、継続企業の前提に関する事項の別区分で

2　平成30年5月8日企業会計審議会監査部会「監査基準の改訂について（公開草案）」。

の記載等が新たに求められています。

　なお、実施時期はKAMについては2021年3月期決算に係る財務諸表監査から（ただし、それ以前の決算に係る財務諸表監査から適用することを妨げない）、報告基準に関するその他の改訂事項は、2020年3月期決算に係る財務諸表監査から適用するとしています。

　監査報告書の透明化については、実施に向けての議論が今後本格化していくので注視していく必要があります。

⑵　会計監査人の交代（ローテーション）制

　監査報告書の透明化とともに、企業会計審議会で議論が始まったのが監査法人のローテーション制です。

　この監査法人のローテーション制は「会計監査の在り方に関する懇談会」提言の④「第三者の眼」による会計監査の品質のチェックの項目で、監査法人の独立性の確保として、監査法人のローテーションを導入した場合のメリットとデメリット等について金融庁において、欧州・米国の最近の動向もふまえて、深度ある調査・分析を実施すべき、とされています。

　監査法人のローテーション制については、過去にも検討が行われましたが、
①　監査法人の交代により監査人の知識・経験の中断が生じうること
②　大手監査法人の数が限定されており、現実的に交代が困難になるおそれがあること
等の観点から導入が見送られ、同一監査法人内で業務執行社員（パートナー）について、一定期間ごとに交代させることを義務づける制度の強化がなされ現在に至っています。

　しかしながら、昨今の大手企業の会計不祥事では、同一監査法人が長期間にわたって会計監査を継続して実施してきたことが再び問題点としてクローズアップされるようになりました。

　平成29年7月、懇談会提言を受けて実施した監査法人のローテーション制

に関する第一次調査結果において、同一監査法人内でのローテーションだけでは抑止効果を発揮できず、また企業による自主的な監査法人の交代についても、コストや継続性の観点から依然として慎重な意見が根強いこと、一方で欧州当局からのヒアリングでは監査法人のローテーション制導入による混乱は、これまでのところみられていない等が報告されたことから、今後国内の監査法人、企業、機関投資家等の各関係団体からのヒアリングを通して、さらなる調査・検討を進めていくことになったものです。

　現在国内においては、いわゆる四大監査法人が担当している上場企業数は全体のおよそ7割を占めており、ほぼ寡占状態となっています。

　監査法人のローテーション制を実現するためには、上場会社の監査業務を担える監査法人の絶対数の確保とともに、企業に負担をかけずに監査品質の継続性を確保できるような監査法人間の引継ぎ制度の制定等が不可欠であると言えます。

　会計監査人の選解任が会社法上監査役等の職務となっていることから、今後もこの議論の動向を注視していく必要があります。

第5章　会計監査人との付き合い方　149

第6章

コーポレートガバナンス・コード対応

株主の権利・平等性の確保

　コーポレートガバナンス・コードの概要については、前述したとおりです。ここでは原則や補充原則において上場会社に求められる事項を中心に説明します。

【基本原則１】

>　上場会社は、株主の権利が実質的に確保されるよう適切な対応を行うとともに、株主がその権利を適切に行使することができる環境の整備を行うべきである。
>　また、上場会社は、株主の実質的な平等性を確保すべきである。
>　少数株主や外国人株主については、株主の権利の実質的な確保、権利行使に係る環境や実質的な平等性の確保に課題や懸念が生じやすい面があることから、十分に配慮を行うべきである。

【原則１－１　株主の権利の確保】

>　上場会社は、株主総会における議決権をはじめとする株主の権利が実質的に確保されるよう、適切な対応を行うべきである。

　基本原則１にあるように、地方銀行にとって最も重要なステークホルダーと解される株主の権利が尊重されるべきことはいうまでもありません。特に、株主が会社経営に参画できる株主総会における議決権行使は、最も重要な権利であり、後記原則１－２に独立したかたちで取り上げられています。

【補充原則1－1①】

> 　取締役会は、株主総会において可決には至ったものの相当数の反対票が投じられた会社提案議案があったと認めるときは、反対の理由や反対票が多くなった原因の分析を行い、株主との対話その他の対応の要否について検討を行うべきである。

　地方銀行は、株主総会における株主の投票行動に注目すべきです。特に、会社提案議案について相当数の反対票があった場合には、その原因を分析のうえ、なんらかの対応が必要か否かを検討すべきです。

　また、株主提案議案の賛成票が相当数に及んだ場合も、その原因を分析すべきでしょう。

　なお、相当数の反対票とは、一律に断言できないものの、わが国の上場会社の会社提案議案が通常大多数の支持を得ていることから、25％ないし30％辺りが目安になるようです。

【補充原則1－1②】

> 　上場会社は、総会決議事項の一部を取締役会に委任するよう株主総会に提案するに当たっては、自らの取締役会においてコーポレートガバナンスに関する役割・責務を十分に果たし得るような体制が整っているか否かを考慮すべきである。他方で、上場会社において、そうした体制がしっかりと整っていると判断する場合には、上記の提案を行うことが、経営判断の機動性・専門性の確保の観点から望ましい場合があることを考慮に入れるべきである。

　所有と経営が分離した上場会社では、株主総会において決議される事項は、基本的な事項に限定されています。しかし、経営判断の機動性等を考慮するならば、総会決議事項を取締役会に委任することも可能です。むしろ攻

第6章　コーポレートガバナンス・コード対応　153

めのコーポレートガバナンスからすれば、取締役会に委任して、経営判断を尊重すべきであるとも解されます。ただし、取締役会が委任を受けるには、取締役会自身が株主に責任を果たすべく、コーポレートガバナンスを十全なものとする必要があります。なお、取締役会のコーポレートガバナンス上の役割と責務については、基本原則4以下に詳細な事項が定められています。

【補充原則1－1③】

> 上場会社は、株主の権利の重要性を踏まえ、その権利行使を事実上妨げることのないよう配慮すべきである。とりわけ、少数株主にも認められている上場会社及びその役員に対する特別な権利（違法行為の差止めや代表訴訟提起に係る権利等）については、その権利行使の確保に課題や懸念が生じやすい面があることから、十分に配慮を行うべきである。

地方銀行は、株主の権利行使、特に少数株主にも認められている特別な権利を尊重し、その権利行使に配慮すべきです。これは当然の事項であり、およそ地方銀行が株主の権利を妨げるような事態はないでしょう。

【原則1－2　株主総会における権利行使】

> 上場会社は、株主総会が株主との建設的な対話の場であることを認識し、株主の視点に立って、株主総会における権利行使に係る適切な環境整備を行うべきである。

この原則は、当然の理を明記したものであり、すべての上場会社がコンプライすることでしょう。

【補充原則1－2①】

> 上場会社は、株主総会において株主が適切な判断を行うことに資すると考えられる情報については、必要に応じ適確に提供すべきである。

【補充原則１－２②】

> 　上場会社は、株主が総会議案の十分な検討期間を確保することができるよう、招集通知に記載する情報の正確性を担保しつつその早期発送に努めるべきであり、また、招集通知に記載する情報は、株主総会の招集に係る取締役会決議から招集通知を発送するまでの間に、TDnet や自社のウェブサイトにより電子的に公表すべきである。

　上記２つの補充原則は、株主総会における株主の権利行使に資するための情報開示が適確になされること、および招集通知について早期発送と電子的公表を求めるものです。早期発送については限界もあることから努力目標とされています。また、招集通知の内容については、各地方銀行がその記載方法等に工夫を凝らし、電子的公表も怠りなく実施しているものと思われます。

【補充原則１－２③】

> 　上場会社は、株主との建設的な対話の充実や、そのための正確な情報提供等の観点を考慮し、株主総会開催日をはじめとする株主総会関連の日程の適切な設定を行うべきである。

【補充原則１－２④】

> 　上場会社は、自社の株主における機関投資家や海外投資家の比率等も踏まえ、議決権の電子行使を可能とするための環境作り（議決権電子行使プラットフォームの利用等）や招集通知の英訳を進めるべきである。

　上記２つの補充原則は、株主総会期日ほか総会に関連する日程の適切な設定、および議決権の電子行使を可能とするための環境づくりと招集通知の英

第６章　コーポレートガバナンス・コード対応　155

訳を求めています。

　株主総会の日程については、6月末の集中日に3月決算会社の30％弱の上場会社が開催していますが、1980年台後半から2000年にかけては90％を超えていたことを考慮すれば激減しています。それでも多くの上場会社が6月20日頃から29日頃の間に開催しています。今後、定款に定めた株主総会基準日や開示制度等を見直して7月開催が検討されることになるかもしれません。

　なお、議決権の電子行使や招集通知の英訳については、上場会社全体の実施率は低いのですが、多くの地方銀行において実施されているものと思われます。

【補充原則1－2⑤】

> 　信託銀行等の名義で株式を保有する機関投資家等が、株主総会において、信託銀行等に代わって自ら議決権の行使等を行うことをあらかじめ希望する場合に対応するため、上場会社は、信託銀行等と協議しつつ検討を行うべきである。

　「信託銀行等の名義で株式を保有する機関投資家等」とは、株式名義人ではないものの、実質的な株式保有者である「実質株主」を意味しています。この補充原則は、上場会社が信託銀行等と協議しつつ検討を行うべきとされていますから、実際に議決権行使を認めるということではなく、その前段階の検討を行えばコンプライしていることになります。

【原則1－3　資本政策の基本的な方針】

> 　上場会社は、資本政策の動向が株主の利益に重要な影響を与え得ることを踏まえ、資本政策の基本的な方針について説明を行うべきである。

　「資本政策の基本的方針」とは、個別の資本政策の基礎となる総合的な基本方針であると解されています。地方銀行は、基本的方針を策定し、株主に

説明しなければなりませんが、上場している銀行である以上、当然に資本政策の基本的方針を定めて公表しているものと思われます。

【原則1－4　政策保有株式】

> 　上場会社が政策保有株式として上場株式を保有する場合には、政策保有の縮減に関する方針・考え方など、政策保有に関する方針を開示すべきである。また、毎年、取締役会で、個別の政策保有株式について、保有目的が適切か、保有に伴う便益やリスクが資本コストに見合っているか等を具体的に精査し、保有の適否を検証するとともに、そうした検証の内容について開示すべきである。
> 　上場会社は、政策保有株式に係る議決権の行使について、適切な対応を確保するための具体的な基準を策定・開示し、その基準に沿った対応を行うべきである。

　政策保有株式に関する原則は、平成30年のCGコードの改訂によって変更されるとともに、後記補充原則1－4①と②が追加されました。

　政策保有株式とは、いわゆる持ち合い株式であり、わが国の上場会社間では、従前から株式の持ち合いがなされていますが、投資家にとってはそのメリットやデメリットが不明確であって、コーポレートガバナンス上の懸念が表明されていたところです。

　改訂された本原則では、政策保有に関する方針について、「政策保有株式の縮減に関する方針・考え方など」が例示されたうえで、方針の策定と開示を求めています。さらに、個別の政策保有株式について、その保有目的の適切性や保有に伴うメリットやリスクが資本コストに見合っているか等を具体的に精査し、保有の適否を検証したうえで、検証内容について開示しなければなりません。加えて、政策保有株式に係る議決権の行使についても、具体的な基準を策定・開示し、その基準に沿った対応を行うことが求められています。

第6章　コーポレートガバナンス・コード対応　157

銀行業界では、メインの取引先を中心として上場会社の株式を保有してきたという事実がありますが、コーポレートガバナンス・コードに政策保有株式に関する原則が明記されたことから、政策保有株式を売却する動きが活発化しています。

【補充原則１－４①】

> 　上場会社は、自社の株式を政策保有株式として保有している会社（政策保有株主）からその株式の売却等の意向が示された場合には、取引の縮減を示唆することなどにより、売却等を妨げるべきではない。

平成30年のCGコードの改訂によって、本補充原則が追加されました。その内容は、政策保有株主からの売却等の意向が示された場合には、これを妨げるべきではないというものです。

【補充原則１－４②】

> 　上場会社は、政策保有株主との間で、取引の経済合理性を十分に検証しないまま取引を継続するなど、会社や株主共同の利益を害するような取引を行うべきではない。

本補充原則も平成30年のCGコードの改訂によって追加されたものです。政策保有株主との間の取引について、経済合理性を維持すべきであり、会社や株主共同の利益を害するような取引を行うべきではないという当然の内容を明記したものです。

【原則１－５　いわゆる買収防衛策】

> 　買収防衛の効果をもたらすことを企図してとられる方策は、経営陣・取締役会の保身を目的とするものであってはならない。その導入・運用については、取締役会・監査役は、株主に対する受託者責任を全うする

158

観点から、その必要性・合理性をしっかりと検討し、適正な手続を確保するとともに、株主に十分な説明を行うべきである。

【補充原則1－5①】

> 上場会社は、自社の株式が公開買付けに付された場合には、取締役会としての考え方（対抗提案があればその内容を含む）を明確に説明すべきであり、また、株主が公開買付けに応じて株式を手放す権利を不当に妨げる措置を講じるべきではない。

　銀行に関しては、企業買収や公開買付けなどが考えにくいことから、地方銀行が具体的な対応を行うことはないと解されます。

【原則1－6　株主の利益を害する可能性のある資本政策】

> 支配権の変動や大規模な希釈化をもたらす資本政策（増資、MBO等を含む）については、既存株主を不当に害することのないよう、取締役会・監査役は、株主に対する受託者責任を全うする観点から、その必要性・合理性をしっかりと検討し、適正な手続を確保するとともに、株主に十分な説明を行うべきである。

　一般的には、地方銀行が株主の利益を害する可能性のある資本政策を採用することはないでしょうから、本原則をコンプライしても、特段の対応を行うことはないと思われます。ただし、公募増資や第三者割当増資等、株式の希釈化を伴う資本政策については、その必要性・合理性について十分な検討を行うとともに、経営判断プロセスや開示体制の適法性を確保したうえで、既存株主に対して丁寧な説明を行うべきでしょう。

第6章　コーポレートガバナンス・コード対応　159

【原則1－7　関連当事者間の取引】

> 　上場会社がその役員や主要株主等との取引（関連当事者間の取引）を行う場合には、そうした取引が会社や株主共同の利益を害することのないよう、また、そうした懸念を惹起することのないよう、取締役会は、あらかじめ、取引の重要性やその性質に応じた適切な手続を定めてその枠組みを開示するとともに、その手続を踏まえた監視（取引の承認を含む）を行うべきである。

　この原則は、地方銀行に対して、次のような具体的な措置を求めています。すなわち、①関連当事者間の取引を行う場合には、取締役会が事前に取引の重要性やその性質に応じた適切な手続を策定し、その枠組みを開示すること、②上記手続をふまえた取引の承認を含む監視を行うことです。

　地方銀行と取締役との取引については、会社法に利益相反取引に係る規制があり、事前に取締役会の承認（同法365条1項、356条1項2号・3号）および事後報告（同法365条2項）を受けることになっています。たとえば、社外取締役が融資取引先企業の代表者であって、新規融資を実行するような場合がこれに該当します。

　なお、会社法には監査役や執行役員との取引に関する規制はありませんが、CGコードの本原則をコンプライするのであれば、当該取引が銀行や株主共同の利益を害すると判断される場合には、なんらかの措置が必要になるものと思われます。

2 株主以外のステークホルダーとの適切な協働

【基本原則2】

> 上場会社は、会社の持続的な成長と中長期的な企業価値の創出は、従業員、顧客、取引先、債権者、地域社会をはじめとする様々なステークホルダーによるリソースの提供や貢献の結果であることを十分に認識し、これらのステークホルダーとの適切な協働に努めるべきである。
> 取締役会・経営陣は、これらのステークホルダーの権利・立場や健全な事業活動倫理を尊重する企業文化・風土の醸成に向けてリーダーシップを発揮すべきである。

【原則2-1 中長期的な企業価値向上の基礎となる経営理念の策定】

> 上場会社は、自らが担う社会的な責任についての考え方を踏まえ、様々なステークホルダーへの価値創造に配慮した経営を行いつつ中長期的な企業価値向上を図るべきであり、こうした活動の基礎となる経営理念を策定すべきである。

すべての地方銀行は、中長期的な企業価値の向上の基礎となる経営理念を策定して公表していると思われます。

【原則2-2 会社の行動準則の策定・実践】

> 上場会社は、ステークホルダーとの適切な協働やその利益の尊重、健全な事業活動倫理などについて、会社としての価値観を示しその構成員が従うべき行動準則を定め、実践すべきである。取締役会は、行動準則

の策定・改訂の責務を担い、これが国内外の事業活動の第一線にまで広く浸透し、遵守されるようにすべきである。

【補充原則２－２①】

取締役会は、行動準則が広く実践されているか否かについて、適宜または定期的にレビューを行うべきである。その際には、実質的に行動準則の趣旨・精神を尊重する企業文化・風土が存在するか否かに重点を置くべきであり、形式的な遵守確認に終始すべきではない。

すべての地方銀行は、行員が遵守すべき行動準則や倫理基準を定めており、これらが実践されていることの定期的なレビューを行員へのアンケート調査や内部監査を通じて行っていると思われます。

【原則２－３　社会・環境問題をはじめとするサステナビリティーを巡る課題】

上場会社は、社会・環境問題をはじめとするサステナビリティー（持続可能性）を巡る課題について、適切な対応を行うべきである。

【補充原則２－３①】

取締役会は、サステナビリティー（持続可能性）を巡る課題への対応は重要なリスク管理の一部であると認識し、適確に対処するとともに、近時、こうした課題に対する要請・関心が大きく高まりつつあることを勘案し、これらの課題に積極的・能動的に取り組むよう検討すべきである。

地方銀行は、社会・環境問題をはじめとする持続可能性をめぐる課題について適切な対応をすべきです。特に、取締役会が、持続可能性をめぐる課題

162

への対応は重要なリスク管理の一部であること（対応を誤ると風評リスク等が発生すること等）を認識して対処しなければなりませんし、これらの課題に積極的かつ能動的に取り組むことを検討すべきです。

【原則2－4　女性の活躍促進を含む社内の多様性の確保】

> 　上場会社は、社内に異なる経験・技能・属性を反映した多様な視点や価値観が存在することは、会社の持続的な成長を確保する上での強みとなり得る、との認識に立ち、社内における女性の活躍促進を含む多様性の確保を推進すべきである。

　女性の活躍については、女性活躍推進法の施行などもあり、大きな社会的要請となっているところですが、残念ながら地方銀行においては、女性の役員はもとより支店長等の幹部候補者も少ない状況にあります。多くの女性行員が結婚や出産を契機に退職し、そのキャリアを閉じていたからです。現在、多くの地方銀行では、女性の役席者の育成に力を入れているところですが、これを推進することが求められています。また、女性のみならず社会のマイノリティを活かす職場でなければならないことも留意すべきでしょう。

【原則2－5　内部通報】

> 　上場会社は、その従業員等が、不利益を被る危険を懸念することなく、違法または不適切な行為・情報開示に関する情報や真摯な疑念を伝えることができるよう、また、伝えられた情報や疑念が客観的に検証され適切に活用されるよう、内部通報に係る適切な体制整備を行うべきである。取締役会は、こうした体制整備を実現する責務を負うとともに、その運用状況を監督すべきである。

第6章　コーポレートガバナンス・コード対応　163

【補充原則２−５①】

　　上場会社は、内部通報に係る体制整備の一環として、経営陣から独立した窓口の設置（例えば、社外取締役と監査役による合議体を窓口とする等）を行うべきであり、また、情報提供者の秘匿と不利益取扱の禁止に関する規律を整備すべきである。

　地方銀行は、金融庁の監督下にあり、銀行法等の法令のみならず、「中小・地域金融機関向けの総合的な監督指針」などによって、法令等遵守や厳格な内部統制システムの整備が求められています。このようなコンプライアンスに係る態勢整備に不可欠な制度として、内部通報制度（ヘルプラインやホットラインなど）があります。そして、内部通報制度は公益通報者保護法および消費者庁所定の「公益通報者保護法を踏まえた内部通報制度の整備・運用に関する民間事業者向けガイドライン」による制約を受けています。特に、このガイドラインは、平成28年12月に改正されていますから、地方銀行は改正部分を積極的に採用すべきでしょう。

　内部通報制度の要諦は、次の諸点にあると思われます。

①　幅広い通報窓口の確保

　補充原則に明記されているように、経営陣から独立した社外取締役（または監査役の合議体等）をヘルプラインの窓口とすることや顧問弁護士事務所以外の法律事務所を窓口とすることが有用です。

　内部通報というと不祥事件の告発など重い印象があるので、「何でも相談窓口」というような窓口をもつことも有用です。

　さらに、通報の方法も電話のみならず、Ｅメール、ファクシミリ、手紙などの各種方法を確保すべきです。

164

② 匿名通報の許容

内部通報においては、完全匿名通報を許容すべきです。匿名化を許容することによって実効性のある通報が可能となるからです。

③ 通報者保護の徹底

内部通報者の保護を徹底すべきです。公益通報者保護法によって、通報者に不利益を与えることが禁止されていますから、不利益を与えないことはもちろん、通報の内容によっては通報者のメンタルケアを行うべき場合もありますので、留意すべきでしょう。

【補充原則2-6　企業年金のアセットオーナーとしての機能発揮】

> 　上場会社は、企業年金の積立金の運用が、従業員の安定的な資産形成に加えて自らの財政状態にも影響を与えることを踏まえ、企業年金が運用（運用機関に対するモニタリングなどのスチュワードシップ活動を含む）の専門性を高めてアセットオーナーとして期待される機能を発揮できるよう、運用に当たる適切な資質を持った人材の計画的な登用・配置などの人事面や運営面における取組みを行うとともに、そうした取組みの内容を開示すべきである。その際、上場会社は、企業年金の受益者と会社との間に生じ得る利益相反が適切に管理されるようにすべきである。

本原則は、平成30年のCGコードの改訂によって追加されたものです。本原則の背景には、SSコードをコンプライしている企業年金がきわめて少ないという現状があります。このような現状に鑑み、企業年金がアセットオーナーとして期待される役割を発揮すべく、上場会社からのアプローチを明記した原則であると考えられます。

それゆえ、上場会社は、企業年金に対して人事面や運用面における取組みを行い、その内容を開示すべきとしています。

3 適切な情報開示と透明性の確保

【基本原則３】

　　上場会社は、会社の財政状態・経営成績等の財務情報や、経営戦略・経営課題、リスクやガバナンスに係る情報等の非財務情報について、法令に基づく開示を適切に行うとともに、法令に基づく開示以外の情報提供にも主体的に取り組むべきである。

　　その際、取締役会は、開示・提供される情報が株主との間で建設的な対話を行う上での基盤となることも踏まえ、そうした情報（とりわけ非財務情報）が、正確で利用者にとって分かりやすく、情報として有用性の高いものとなるようにすべきである。

【原則３−１　情報開示の充実】

　　上場会社は、法令に基づく開示を適切に行うことに加え、会社の意思決定の透明性・公正性を確保し、実効的なコーポレートガバナンスを実現するとの観点から、（本コードの各原則において開示を求めている事項のほか、）以下の事項について開示し、主体的な情報発信を行うべきである。

(ⅰ)　会社の目指すところ（経営理念等）や経営戦略、経営計画

(ⅱ)　本コードのそれぞれの原則を踏まえた、コーポレートガバナンスに関する基本的な考え方と基本方針

(ⅲ)　取締役会が経営陣幹部・取締役の報酬を決定するに当たっての方針と手続

(ⅳ)　取締役会が経営陣幹部の選解任と取締役・監査役候補の指名を行う

に当たっての方針と手続

(ⅴ)　取締役会が上記(ⅳ)を踏まえて経営陣幹部の選解任と取締役・監査役候補の指名を行う際の、個々の選解任・指名についての説明

　本原則は、上場会社のコーポレートガバナンス上の開示事項を網羅していると解されます。CGコードの各原則によって開示を求められる事項のほか、上記(ⅰ)ないし(ⅴ)を開示すべきとしているからです。

　地方銀行においては、従前から(ⅰ)に該当する経営理念、経営戦略または経営計画を策定のうえ、公表していますが、それ以外に(ⅱ)コーポレートガバナンスに関する基本的な考え方および基本方針のみならず、(ⅲ)取締役会における取締役の報酬決定方針および手続、(ⅳ)取締役会における経営陣幹部の選任と取締役・監査役候補の指名を行うにあたっての方針と手続を開示すべきとされています。これらに加え、(ⅴ)上記(ⅳ)をふまえて経営陣幹部の選任と取締役・監査役候補の指名を行う際の個々の選任・指名についての説明をも開示しなければならないとされています。

　本原則を前提に、多くの地方銀行は(ⅱ)から(ⅴ)に該当する事項の開示をしていると思われます。ただし、従前には法令等において、これらすべての事項の開示を求める根拠はなかったことから、未知との遭遇状態になっていることも事実でしょう。なお、上記(ⅲ)から(ⅴ)については、基本原則4において触れることになります。

【補充原則3－1①】

　上記の情報の開示（法令に基づく開示を含む）に当たって、取締役会は、ひな型的な記述や具体性を欠く記述を避け、利用者にとって付加価値の高い記載となるようにすべきである。

【補充原則３－１②】

上場会社は、自社の株主における海外投資家等の比率も踏まえ、合理的な範囲において、英語での情報の開示・提供を進めるべきである。

補充原則３－１①と②は、地方銀行にとって当然の事柄でしょう。

【原則３－２　外部会計監査人】

外部会計監査人及び上場会社は、外部会計監査人が株主・投資家に対して責務を負っていることを認識し、適正な監査の確保に向けて適切な対応を行うべきである。

【補充原則３－２①】

監査役会は、少なくとも下記の対応を行うべきである。
（ⅰ）　外部会計監査人候補を適切に選定し外部会計監査人を適切に評価するための基準の策定
（ⅱ）　外部会計監査人に求められる独立性と専門性を有しているか否かについての確認

【補充原則３－２②】

取締役会及び監査役会は、少なくとも下記の対応を行うべきである。
（ⅰ）　高品質な監査を可能とする十分な監査時間の確保
（ⅱ）　外部会計監査人からCEO・CFO等の経営陣幹部へのアクセス（面談等）の確保
（ⅲ）　外部会計監査人と監査役（監査役会への出席を含む）、内部監査部門や社外取締役との十分な連携の確保

⒤ 外部会計監査人が不正を発見し適切な対応を求めた場合や、不備・問題点を指摘した場合の会社側の対応体制の確立

　原則３－２および補充原則①②については、平成26年の会社法改正によって、会計監査人の選解任権が監査役会や監査等委員会に移管されたこと、および大手電機メーカーの会計監査をめぐる大手監査法人の不祥事件を端緒として、平成29年３月31日に「監査法人の組織的な運営に関する原則」（監査法人のガバナンス・コード）が導入されたことから、すべての上場会社において実施されていると解されます。

第６章　コーポレートガバナンス・コード対応　169

4 取締役会等の責務

【基本原則４】

　　上場会社の取締役会は、株主に対する受託者責任・説明責任を踏まえ、会社の持続的な成長と中長期的な企業価値の向上を促し、収益力・資本効率等の改善を図るべく、

(1)　企業戦略等の大きな方向性を示すこと

(2)　経営陣幹部による適切なリスクテイクを支える環境整備を行うこと

(3)　独立した客観的な立場から、経営陣（執行役及びいわゆる執行役員を含む）・取締役に対する実効性の高い監督を行うこと

をはじめとする役割・責務を適切に果たすべきである。

　　こうした役割・責務は、監査役会設置会社（その役割・責務の一部は監査役及び監査役会が担うこととなる）、指名委員会等設置会社、監査等委員会設置会社など、いずれの機関設計を採用する場合にも、等しく適切に果たされるべきである。

【考え方】

　　上場会社は、通常、会社法（平成26年改正後）が規定する機関設計のうち主要な３種類（監査役会設置会社、指名委員会等設置会社、監査等委員会設置会社）のいずれかを選択することとされている。前者（監査役会設置会社）は、取締役会と監査役・監査役会に統治機能を担わせる我が国独自の制度である。その制度では、監査役は、取締役・経営陣等の職務執行の監査を行うこととされており、法律に基づく調査権限が付与されている。また、独立性と高度な情報収集能力の双方を確保すべく、監

査役（株主総会で選任）の半数以上は社外監査役とし、かつ常勤の監査役を置くこととされている。後者の2つは、取締役会に委員会を設置して一定の役割を担わせることにより監督機能の強化を目指すものであるという点において、諸外国にも類例が見られる制度である。上記3種類の機関設計のいずれを採用する場合でも、重要なことは、創意工夫を施すことによりそれぞれの機関の機能を実質的かつ十分に発揮させることである。

また、本コードを策定する大きな目的の一つは、上場会社における透明・公正かつ迅速・果断な意思決定を促すことにあるが、上場会社の意思決定のうちには、外部環境の変化その他の事情により、結果として会社に損害を生じさせることとなるものが無いとは言い切れない。その場合、経営陣・取締役が損害賠償責任を負うか否かの判断に際しては、一般的に、その意思決定の時点における意思決定過程の合理性が重要な考慮要素の一つとなるものと考えられるが、本コードには、ここでいう意思決定過程の合理性を担保することに寄与すると考えられる内容が含まれており、本コードは、上場会社の透明・公正かつ迅速・果断な意思決定を促す効果を持つこととなるものと期待している。

CGコードの基本原則のうち、最も重要なものが本基本原則であると解されます。本基本原則は、上場会社の中核的組織である取締役会等の責務を明記しているからです。本基本原則の下に14の原則と19の補充原則が明示されていることからも、その重要性が理解できるでしょう。

本基本原則は、上場会社の取締役会に、その機関設計の異同を問わず、3事項を例示して、その役割と責務を適切に果たすべきであるとしています。

また、「考え方」の後段は、上場会社に迅速・果断な意思決定を促すことによって、「攻めのガバナンス」を実現するための「経営判断原則」に言及しています。周知のように「経営判断原則」は、取締役が意思決定を行う際の裁量範囲を拡大する要素であって、経営判断原則が採用されることによっ

第6章　コーポレートガバナンス・コード対応　171

て、会社に損失が発生したとしても、取締役に注意義務違反が認められない方向に働きます。したがって、CG コードに従うことによって、取締役が経営判断において適切なリスクをとることができることになるのです。

【原則4－1　取締役会の役割・責務⑴】

> 　取締役会は、会社の目指すところ（経営理念等）を確立し、戦略的な方向付けを行うことを主要な役割・責務の一つと捉え、具体的な経営戦略や経営計画等について建設的な議論を行うべきであり、重要な業務執行の決定を行う場合には、上記の戦略的な方向付けを踏まえるべきである。

　本原則は、基本原則4⑴をより明確にしたものと解されます。従来のマネジメント・モデルの取締役会においては、日常業務に関する意思決定に追われて、経営戦略や経営計画等の大きな目標について、建設的な議論がされていないのではないかとの疑義がありましたが、これを払しょくするための原則であると解されます。

【補充原則4－1①】

> 　取締役会は、取締役会自身として何を判断・決定し、何を経営陣に委ねるのかに関連して、経営陣に対する委任の範囲を明確に定め、その概要を開示すべきである。

　攻めのガバナンスを実践するために、取締役会においては会社の大きな決断事項を建設的に判断することとされていますが、半面、日常業務に係る意思決定を経営陣に委任することが考えられます。マネジメント・モデルの典型である監査役会設置会社では、限界もありますが、前記のとおり監査等委員会設置会社であれば、定款を変更することによって、業務執行に係る意思決定を経営陣に委ねることも可能です。本補充原則は、経営陣に委ねる範囲

172

を明確に定めて、その概要を開示することを求めています。

【補充原則4－1②】

> 　取締役会・経営陣幹部は、中期経営計画も株主に対するコミットメントの一つであるとの認識に立ち、その実現に向けて最善の努力を行うべきである。仮に、中期経営計画が目標未達に終わった場合には、その原因や自社が行った対応の内容を十分に分析し、株主に説明を行うとともに、その分析を次期以降の計画に反映させるべきである。

　すべての地方銀行は、中期経営計画を定めていると思いますが、取締役会や経営陣幹部は、これを株主に対するコミットメントであると認識して、その実現に向けて最善の努力をすべきであり、未達の場合には、原因を究明・分析して、株主に説明すべきことが求められています。

【補充原則4－1③】

> 　取締役会は、会社の目指すところ（経営理念等）や具体的な経営戦略を踏まえ、最高経営責任者（CEO）等の後継者計画（プランニング）の策定・運用に主体的に関与するとともに、後継者候補の育成が十分な時間と資源をかけて計画的に行われていくよう、適切に監督を行うべきである。

　本補充原則は、平成30年のCGコードの改訂によって内容が一部変更されました。従前は「最高経営責任者等の後継者の計画（プランニング）について適切に監督を行うべきである」とされていたのですが、取締役会にはより具体的かつ能動的な関与が求められることとなりました。すなわち、「後継者計画（プランニング）の策定・運用に主体的に関与するとともに、後継者候補の育成が十分な時間と資源をかけて計画的に行われていくよう」との文言が追加されたのです。このような文言が追加された理由は、改訂前の本補

第6章　コーポレートガバナンス・コード対応　173

充原則が具体性に欠けていたからであると推測されます。そもそも後継者計画をだれが主体的に立案・運用するのかが明確ではありませんでした。もちろん、従前から企業のトップである代表取締役が中心となって将来の最高経営責任者候補を含めた後継者計画決めていたことと思われますが、取締役会が主体的に関与することなく行われていたとの実情をふまえ、社外取締役を擁する取締役会がより積極的に関与すべきことを明示したものです。

本補充原則によって地方銀行の取締役会に求められていることは、次のとおりです。

① 後継者計画の策定・運用に主体的に関与すること
② 後継者候補の育成が十分な時間と資質をかけて計画的に行われていくように適切に監督すること

【原則4－2　取締役会の役割・責務⑵】

> 　取締役会は、経営陣幹部による適切なリスクテイクを支える環境整備を行うことを主要な役割・責務の一つと捉え、経営陣からの健全な企業家精神に基づく提案を歓迎しつつ、説明責任の確保に向けて、そうした提案について独立した客観的な立場において多角的かつ十分な検討を行うとともに、承認した提案が実行される際には、経営陣幹部の迅速・果断な意思決定を支援すべきである。
> 　また、経営陣の報酬については、中長期的な会社の業績や潜在的リスクを反映させ、健全な企業家精神の発揮に資するようなインセンティブ付けを行うべきである。

地方銀行の取締役会のあり方として、経営陣幹部によるリスクテイクを支える環境整備を行い、経営陣幹部による企業家精神に基づく提案を客観的立場から十分に検討を行うとともに、承認をした提案の実行については、経営陣幹部の迅速・果断な意思決定をサポートすることが求められています。

なお、第二文章に記載されたインセンティブ付けについては、次の補充原

則においてコメントします。

【補充原則4−2①】

> 取締役会は、経営陣の報酬が持続的な成長に向けた健全なインセンティブとして機能するよう、客観性・透明性ある手続に従い、報酬制度を設計し、具体的な報酬額を決定すべきである。その際、中長期的な業績と連動する報酬の割合や、現金報酬と自社株報酬との割合を適切に設定すべきである。

　経営陣の報酬につき、上記原則4−2の第二段落を受けた本補充原則は、平成30年のCGコードの改訂によって修正されています。すなわち、従来1つの文章だったものが2つに分割され、第一文章冒頭に「取締役会は、」という主語が置かれました。そして、「客観性・透明性ある手続に従い、報酬制度を設計し、具体的な報酬額を決定すべき」こととされました。さらに、中長期的な業績と連動する報酬の割合や現金報酬と自社株報酬との割合を適切に設定すべきことが求められています。

　そもそもわが国の上場会社の報酬体系は、固定報酬が大宗を占めており、業績向上に向けたインセンティブとして機能してないとの批判がありました。最近になって自社株報酬が多様化し、業績連動報酬も多くみられるようになりましたが、CGコードは、取締役の報酬改革も求めているのです。なお、短期的（ショートターム）な業績連動報酬ではないことに留意すべきでしょう。

　また、取締役の報酬については、法制審議会会社法（企業統治関係）部会における会社法改正の論点の1つでもあります。わが国の上場会社では、伝統的に株主総会にて報酬総額の上限が決議され、これを前提に、取締役会決議をもって代表取締役に一任する慣行があります。しかし、このような代表取締役に対する白紙委任的な報酬決定の方法は、取締役会が具体的な報酬額を決定したといえるのかが問題となりそうです。

第6章　コーポレートガバナンス・コード対応　175

【原則４－３　取締役会の役割・責務⑶】

> 　取締役会は、独立した客観的な立場から、経営陣・取締役に対する実効性の高い監督を行うことを主要な役割・責務の一つと捉え、適切に会社の業績等の評価を行い、その評価を経営陣幹部の人事に適切に反映すべきである。
>
> 　また、取締役会は、適時かつ正確な情報開示が行われるよう監督を行うとともに、内部統制やリスク管理体制を適切に整備すべきである。
>
> 　更に、取締役会は、経営陣・支配株主等の関連当事者と会社との間に生じ得る利益相反を適切に管理すべきである。

　本原則は、取締役会が経営陣や業務執行担当取締役に対する監督機能の発揮を求めるものです。そして、その方法として、業績等の評価を適切に行い、その評価を幹部人事に反映させることを明示しています。地方銀行における経営幹部の業績評価、人事への反映については、道半ばかと思われます。たとえば、中期経営計画が未達だった場合に、経営幹部の退任や降格等を行うことはなかなか困難でしょう。ただし、専務取締役が担当部門で失敗して、上に進めず退任させられるという事例などはあるかもしれません。もちろん、このような措置が取締役会の業績評価の結果としてなされたとすれば、本原則が実施されたことになるのでしょう。

　また、第二文章では、内部統制やリスク管理体制を適切に整備すべきとしています。この点は、地方銀行を問わず、銀行であれば1990年代後半から他の上場会社に先駆けて体制整備がなされていますから、他の企業に比して課題は少ないでしょう。

　さらに、関連当事者との利益相反取引については、社外取締役との取引において問題となるほか、会長や頭取が他の法人の代表者となっている場合に問題となることが想定できますが、会社法の定める手続にのっとって行うことになります。

176

【補充原則4－3①】

　　取締役会は、経営陣幹部の選任や解任について、会社の業績等の評価を踏まえ、公正かつ透明性の高い手続に従い、適切に実行すべきである。

　経営陣幹部の選任や解任については、前記のとおりですが、たとえば、現在のマイナス金利状況からすれば、銀行の業績の悪化を理由とする経営陣幹部の解任や再任拒否などは、困難かとも思われます。むしろ報酬の引下げによって調整することになるのではないでしょうか。もちろん、業務執行に善管注意義務違反が疑われる経営幹部等については、解任や再任拒否ということはありえます。なお、「公正かつ透明性の高い手続に従い、適切に実行」されることは当然ですが、手続の明文化には困難が伴うかもしれません。特に、解任については懲罰的側面があることから、単純な多数決で足りるかというような観点で問題となりそうです。

【補充原則4－3②】

　　取締役会は、CEO の選解任は、会社における最も重要な戦略的意思決定であることを踏まえ、客観性・適時性・透明性ある手続に従い、十分な時間と資源をかけて、資質を備えた CEO を選任すべきである。

【補充原則4－3③】

　　取締役会は、会社の業績等の適切な評価を踏まえ、CEO がその機能を十分発揮していないと認められる場合に、CEO を解任するための客観性・適時性・透明性ある手続を確立すべきである。

　本補充原則は、平成30年の CG コードの改訂によって追加されました。

第6章　コーポレートガバナンス・コード対応　177

CGコードの改訂は、フォローアップ会議にて議論されたところですが、その最初の会議にて事務局である金融庁から提出された「コーポレートガバナンス改革の進捗状況」と題する資料の17頁には、「CEO等の選任基準や解任基準について、整備が進んでおらず、また、後継者計画についても、モニタリングしている企業はなお少数との指摘」であることが記載され、この部分に関する日本企業の出遅れが目立つとされています。

　そこで、フォローアップ会議では、「客観性・適時性・透明性あるCEOの選解任」が重要なテーマとされ、本補充原則が創設されたのです。

　本補充原則は、わが国の企業、とりわけ地方銀行の取締役会にとって、大きな課題になると思われます。取締役会が最終的にCEOを選定することは会社法の規定から当然ですが、後継CEOの選考過程において、取締役会が主体的に関与しているとはいえないとの実情があるからです。さらに、現役CEOの解任については、そのようなこと極端な方法など考えられないというのが実情だと思われます。

　もちろん、本補充原則をコンプライすることなく、エクスプレインすることも可能ですが、機関投資家や海外の投資助言会社からは批判されることになるでしょうから、コンプライせざるをえないのではないでしょうか。その場合、どのような選解任手続を採用するかが課題となるでしょう。

【補充原則4－3④】

> 　コンプライアンスや財務報告に係る内部統制や先を見越したリスク管理体制の整備は、適切なリスクテイクの裏付けとなり得るものであるが、取締役会は、これらの体制の適切な構築や、その運用が有効に行われているか否かの監督に重点を置くべきであり、個別の業務執行に係るコンプライアンスの審査に終始すべきではない。

　本補充原則は、指名委員会等設置会社および監査等委員会設置会社により適合する補充原則であると解されます。マネジメント・モデルが妥当する監

178

査役会設置会社の監査役監査と異なり、モニタリング・モデルであって、さらに内部統制部門を利用した組織監査が妥当するからです。そこでは、個別の業務執行に係るコンプライアンス審査ではなく、内部統制システムの運用が有効であるか否かが問題とされるのです。

　もちろん、監査役会設置会社においても、個別の業務執行に係るコンプライアンス審査に終始すべきではないとの本補充原則の履行が求められるものと解されますが、マネジメント・モデルである取締役会では、個別の業務執行に係る意思決定が決議をもって行われることになりますから、個別の業務執行に関するコンプライアンスを審査せざるをえないことになります。

【原則4-4　監査役及び監査役会の役割・責務】

> 　監査役及び監査役会は、取締役の職務の執行の監査、外部会計監査人の選解任や監査報酬に係る権限の行使などの役割・責務を果たすに当たって、株主に対する受託者責任を踏まえ、独立した客観的な立場において適切な判断を行うべきである。
>
> 　また、監査役及び監査役会に期待される重要な役割・責務には、業務監査・会計監査をはじめとするいわば「守りの機能」があるが、こうした機能を含め、その役割・責務を十分に果たすためには、自らの守備範囲を過度に狭く捉えることは適切でなく、能動的・積極的に権限を行使し、取締役会においてあるいは経営陣に対して適切に意見を述べるべきである。

　本原則は、わが国における上場会社の太宗を占める監査役（会）設置会社において、監査役と監査役会に求められる役割と責務を明示しています。会社法上の権限を行使して、その義務および責任を果たすことは当然ですが、株主に対する受託者責任（原則4-5）をふまえて、独立した客観的な立場から適切な判断をすることが求められています。

　加えて、第二文章では、監査役および監査役会が業務監査等の「守りの機

能」にとどまらず、その守備範囲を広く考えて、積極的に権限を行使のうえ、取締役会や経営陣に対して適切に意見を述べるべきであるとされています。

地方銀行においても機関設計の大宗を占める監査役会設置会社では、行員出身の常勤監査役はもとより、半数以上を占める社外監査役が取締役会において、個々の業務執行行為等について多様な意見を述べていることでしょう。

【補充原則4－4①】

> 監査役会は、会社法により、その半数以上を社外監査役とすること及び常勤の監査役を置くことの双方が求められていることを踏まえ、その役割・責務を十分に果たすとの観点から、前者に由来する強固な独立性と、後者が保有する高度な情報収集力とを有機的に組み合わせて実効性を高めるべきである。また、監査役または監査役会は、社外取締役が、その独立性に影響を受けることなく情報収集力の強化を図ることができるよう、社外取締役との連携を確保すべきである。

本補充原則では、第一文章で社外監査役の強固な独立性と常勤監査役がもつ高度な情報収集力を有機的に組み合わせて実効性を高めることが求められています。

さらに、第二文章では、監査役会は社外取締役が独立性に影響を受けることなく情報収集力の強化を図ることができるように、社外取締役との連携を確保すべきとされています。その意味するところは、常勤監査役の保有する情報について、社外監査役を通して、社外取締役に伝達することのようです。行内出身者である常勤監査役が直接過度に社外取締役に接触すれば、社外取締役の独立性に問題が発生するとの趣旨のようです。しかし、一般的にオブザーバーとして社外取締役が監査役会に出席することが行われているようです。そもそも監査役会設置会社では半数以上が社外監査役ですから、社

外取締役が監査役会に出席しても、その独立性に問題が生ずることはないと解されます。したがって、監査役会に社外取締役が同席して情報共有を図ることは、有意義であると考えられます。

【原則4－5　取締役・監査役等の受託者責任】

> 　上場会社の取締役・監査役及び経営陣は、それぞれの株主に対する受託者責任を認識し、ステークホルダーとの適切な協働を確保しつつ、会社や株主共同の利益のために行動すべきである。

　所有と経営の分離している上場会社の取締役・監査役および執行役を含む経営陣は、経営を株主から負託されていることから、その責任を果たすべく会社や株主共同の利益のために行動すべきであるという、いわば当然の理を明示した原則です。

【原則4－6　経営の監督と執行】

> 　上場会社は、取締役会による独立かつ客観的な経営の監督の実効性を確保すべく、業務の執行には携わらない、業務の執行と一定の距離を置く取締役の活用について検討すべきである。

　本原則は、上場会社における非業務執行取締役の活用の検討を明示したものであり、4－7以下の独立社外取締役の導入部分といえます。

【原則4－7　独立社外取締役の役割・責務】

> 　上場会社は、独立社外取締役には、特に以下の役割・責務を果たすことが期待されることに留意しつつ、その有効な活用を図るべきである。
> (i)　経営の方針や経営改善について、自らの知見に基づき、会社の持続的な成長を促し中長期的な企業価値の向上を図る、との観点からの助言を行うこと

第6章　コーポレートガバナンス・コード対応　181

(ii) 経営陣幹部の選解任その他の取締役会の重要な意思決定を通じ、経営の監督を行うこと

(iii) 会社と経営陣・支配株主等との間の利益相反を監督すること

(iv) 経営陣・支配株主から独立した立場で、少数株主をはじめとするステークホルダーの意見を取締役会に適切に反映させること

本原則は独立社外取締役の助言機能と監督機能を明示しています。特に、独立社外取締役による監督機能は、監査役と異なり、取締役会の議決権行使を通して行うことができるので、有用であると解されます。

【原則4－8　独立社外取締役の有効な活用】

> 独立社外取締役は会社の持続的な成長と中長期的な企業価値の向上に寄与するように役割・責務を果たすべきであり、上場会社はそのような資質を十分に備えた独立社外取締役を少なくとも2名以上選任すべきである。
>
> また、業種・規模・事業特性・機関設計・会社をとりまく環境等を総合的に勘案して、少なくとも3分の1以上の独立社外取締役を選任することが必要と考える上場会社は、上記にかかわらず、十分な人数の独立社外取締役を選任すべきである。

本原則も平成30年のCGコードの改訂によって修正されています。第二文章の「そのための取組みを開示すべき」が「十分な人数の独立社外取締役を選任すべき」とされたのです。3分の1以上の独立社外取締役選任が必要と考えるのであれば、それだけの人数の独立社外取締役を選任することが自明であり、取組方針を開示するまでもないと考えられたものと思われます。

本原則では、独立社外取締役が監督機能を十分に発揮できるとすれば、少なくとも2名以上選任すべきとされています。そして、地方銀行における独立社外取締役の役割等については、前述したとおりです。

【補充原則４－８①】

> 　独立社外取締役は、取締役会における議論に積極的に貢献するとの観点から、例えば、独立社外者のみを構成員とする会合を定期的に開催するなど、独立した客観的な立場に基づく情報交換・認識共有を図るべきである。

　独立社外取締役の機能を十分に発揮するには、１人より２人、２人より３人ですが、監査役会設置会社である地方銀行においては、２名程度の独立社外取締役のみであることが多いと思います。このような場合には、社外監査役と定期的に会合等を開催して、当該銀行のガバナンスやコンプライアンス上の課題等について、情報共有を図る機会をつくるべきです。

　なお、本補充原則では独立社外役員のみとしていますが、常勤監査役や常勤の監査等委員も会合に招いて、情報を得ることも重要であると考えます。社外役員は、当該地方銀行の内情を知る必要がありますが、常勤役員であれば、多くの情報を保有しているからです。

【補充原則４－８②】

> 　独立社外取締役は、例えば、互選により「筆頭独立社外取締役」を決定することなどにより、経営陣との連絡・調整や監査役または監査役会との連携に係る体制整備を図るべきである。

　独立社外取締役が複数選任されている場合、経営陣との連絡や調整または監査役会との連携を円滑に行うため、筆頭独立社外取締役を決定することが例示されています。

【原則４－９　独立社外取締役の独立性判断基準及び資質】

> 　取締役会は、金融商品取引所が定める独立性基準を踏まえ、独立社外

取締役となる者の独立性をその実質面において担保することに主眼を置いた独立性判断基準を策定・開示すべきである。また、取締役会は、取締役会における率直・活発で建設的な検討への貢献が期待できる人物を独立社外取締役の候補者として選定するよう努めるべきである。

　独立社外取締役の東京証券取引所における独立性基準については前述しましたが、本原則は、この独立性基準をふまえて、各上場会社が独立性基準を策定して開示すべきとしています。加えて、独立社外取締役としての資質を備えた人物を候補者として選定するよう努めるべきとしています。

【原則4－10　任意の仕組みの活用】

　　上場会社は、会社法が定める会社の機関設計のうち会社の特性に応じて最も適切な形態を採用するに当たり、必要に応じて任意の仕組みを活用することにより、統治機能の更なる充実を図るべきである。

【補充原則4－10①】

　　上場会社が監査役会設置会社又は監査等委員会設置会社であって、独立社外取締役が取締役会の過半数に達していない場合には、経営陣幹部・取締役の指名・報酬などに係る取締役会の機能の独立性・客観性と説明責任を強化するため、取締役会の下に独立社外取締役を主要な構成員とする任意の指名委員会・報酬委員会など、独立した諮問委員会を設置することにより、指名・報酬などの特に重要な事項に関する検討に当たり独立社外取締役の適切な関与・助言を得るべきである。

　本原則と本補充原則は、監査役会設置会社および監査等委員会設置会社である上場会社に対し、独立社外取締役を主要な構成員とする任意の諮問委員会を設置することを例示して、取締役の指名や報酬などの重要事項に対応す

ることを求めています。

　なお、本補充原則は、平成30年のCGコードの改訂によって修正されています。すなわち、「指名委員会・報酬委員会など、独立した」との語句が付加され、「例えば」と「など」が削除されたことから、「指名委員会」と「報酬委員会」または両者の機能を併せ持つ「諮問委員会」の設置が強く求められることになりました。

【原則4−11　取締役会・監査役会の実効性確保のための前提条件】

> 　取締役会は、その役割・責務を実効的に果たすための知識・経験・能力を全体としてバランス良く備え、ジェンダーや国際性の面を含む多様性と適正規模を両立させる形で構成されるべきである。また、監査役には、適切な経験・能力及び必要な財務・会計・法務に関する知識を有する者が選任されるべきであり、特に、財務・会計に関する十分な知見を有している者が1名以上選任されるべきである。
>
> 　取締役会は、取締役会全体としての実効性に関する分析・評価を行うことなどにより、その機能の向上を図るべきである。

　本原則は、平成30年のCGコードの改訂によって修正されています。修正部分は、第一文章に「ジェンダーや国際性の面を含む」が付加され、第二文章に「適切な経験・能力及び必要な財務・会計・法務に関する知識を有する者が選任されるべきであり、特に」が付加され、「適切」が「十分」に変更されたことです。

　取締役会にジェンダーや国際性の面を含む多様性が要請されたことは、特にわが国の上場会社における女性取締役や外国人取締役が少ないことに起因しているものと思われます。また、監査役に適切な経験・能力および必要な財務・会計・法務に関する知識を有する者が選任されるべきとされたのは、わが国における社内監査役が取締役になれなかった者のゴールになっており、内部管理等に係る専門的知識や経験を有する者が少ないことに起因して

第6章　コーポレートガバナンス・コード対応　185

いるようです。

　本原則は、①取締役会の構成、②監査役の知見、③取締役会評価について明示しています。①については補充原則①で、③については補充原則③で検討します。

　②については、前記のとおり、CG コードの改訂によって、適切な経験・能力および必要な財務・会計・法務に関する知識を有する者が選任されるべきであるとされました。監査役の職責からすれば、会社の内部管理に関する知識と経験と能力がなければならないとされたわけです。

　そして、これに加えて、監査役の役割と責務から、財務・会計に関する適切な知見を有する者が 1 名以上選任されるべきとされています。公認会計士などの資格保有者がこれに該当することは問題がないと思われますが、資格保有の有無を問わず、その職歴等からして知見のある者であればよいでしょう。なお、本原則は監査役会設置会社に関して言及されていますが、監査等委員会設置会社などにおいても、これらの知識のある社外取締役が選任されるべきであると考えます。

【補充原則 4 －11①】

> 　取締役会は、取締役会の全体としての知識・経験・能力のバランス、多様性及び規模に関する考え方を定め、取締役の選任に関する方針・手続と併せて開示すべきである。

　本補充原則は、取締役会が取締役会全体としての知識・経験・能力のバランス、多様性および規模に関する考え方を定めること、そして、取締役の選任に関する方針・手続とあわせて開示することを求めています。

【補充原則 4 －11②】

> 　社外取締役・社外監査役をはじめ、取締役・監査役は、その役割・責務を適切に果たすために必要となる時間・労力を取締役・監査役の業務

> に振り向けるべきである。こうした観点から、例えば、取締役・監査役が他の上場会社の役員を兼任する場合には、その数は合理的な範囲にとどめるべきであり、上場会社は、その兼任状況を毎年開示すべきである。

取締役と監査役は、上場会社の役員として、会社と株主に対して受託者責任（原則4-5）があります。また、会社法において銀行に対して善管注意義務を負っています。したがって、これら役員は自らの職務を全うすべきですが、他社との兼任がある場合には、その職責を全うできるかが気になるところです。特に、社外取締役や社外監査役は、会社法改正やCGコード導入によって、個々の上場会社において実施すべき事項が多様化し増加していること、多数の上場会社において複数の社外役員を選任することとなったことから、適性のある人材の奪い合いになっていることなどの事情から、兼任者が増加しているものと思われます。

そこで、本補充原則では、上場会社がその兼任状況を開示すべきとしています。なお、現実的な問題として、3月決算が大宗を占めるわが国の上場会社の状況において、社外役員のみをされている方は別として、ご自身の本業をもちつつ、4社以上の社外役員を兼任することは困難であると考えられます。

【補充原則4-11③】

> 取締役会は、毎年、各取締役の自己評価なども参考にしつつ、取締役会全体の実効性について分析・評価を行い、その結果の概要を開示すべきである。

本補充原則は、取締役会全体の実効性評価を求めていますが、わが国において前例のない制度であることから、CGコードの補充原則のなかでも最もコンプライ率が低い内容のようです。しかし、地方銀行をはじめとする東証

一部上場企業では、徐々に定着しつつあるように思われます。

　取締役会評価の方法については、取締役会の構成員である取締役と監査役に対するアンケート調査やインタビューを実施することによって行われることが一般的であると思われます。

　具体的なアンケート調査における質問の内容は、次のような項目が多いようです。

　1　取締役会の構成

　　1－1　取締役会は、さまざまな専門分野や経営者としての経験・知見・見識に基づく多様性が確保されているか。

　　1－2　取締役会の人数は適切か。

　2　取締役会の運営

　　2－1　取締役会の開催頻度と開催時期は適切か。

　　2－2　取締役会の審議時間が十分確保され、中身のある審議がされているか。

　　2－3　取締役会の議案は、付議すべき案件が適時・適切に上程されているか。

　　2－4　取締役会に提供される情報の質と量は十分か。

　　2－5　取締役会の議事運営は、公正かつ適切か。

　3　取締役会の責任と機能

　　3－1　取締役会では、経営戦略や経営計画等につき、建設的な議論が行われているか。

　　3－2　取締役会では、戦略的な業務執行について適切な決定が行われているか。

　　3－3　取締役会では、経営幹部の選解任について、業績評価を行ったうえで、適切に実行されているか。

　　3－4　取締役会では、付議された議案につき、適時・正確な情報開示を行うことの監督ができているか。

3－5　取締役会では、適確な内部統制システムおよびリスク管理体制を整備しているか。

3－6　取締役会では、独立した客観的な立場から、代表取締役をはじめとする経営陣の監督を適切に実行しているか。

3－7　取締役会では、関連当事者取引につき、適切な監督をしているか。

3－8　取締役会では、最高経営責任者の後継者計画について、適切に監督をしているか。

4　社外役員について（社外役員のみ回答）

4－1　取締役会にて審議される事項について、事前に資料配布や説明がされているか。

4－2　会社の持続的成長と中長期的な企業価値の向上に関する助言ができているか。

4－3　取締役会の意思決定を通じた経営陣に対する監督ができているか。

4－4　ステークホルダーの意見を取締役会に適切に反映させているか。

4－5　独立した客観的な立場に基づく情報交換や情報共有が社外役員の間でできているか。

【原則 4 －12　取締役会における審議の活性化】

　取締役会は、社外取締役による問題提起を含め自由闊達で建設的な議論・意見交換を尊ぶ気風の醸成に努めるべきである。

【補充原則 4 －12①】

　取締役会は、会議運営に関する下記の取扱いを確保しつつ、その審議

の活性化を図るべきである。

(ⅰ) 取締役会の資料が、会日に十分に先立って配布されるようにすること

(ⅱ) 取締役会の資料以外にも、必要に応じ、会社から取締役に対して十分な情報が（適切な場合には、要点を把握しやすいように整理・分析された形で）提供されるようにすること

(ⅲ) 年間の取締役会開催スケジュールや予想される審議事項について決定しておくこと

(ⅳ) 審議項目数や開催頻度を適切に設定すること

(ⅴ) 審議時間を十分に確保すること

　本原則および本補充原則において、重要な事項は、取締役会における活性化であり、取締役会を形骸化させてはならないということです。

　従来は、取締役会に先立つ経営会議や常務会において、説明や議論が尽くされており、ともすれば取締役会がセレモニー化しているという会社もあったと思われます。しかしながら、独立社外取締役が2名以上選任されている地方銀行において、取締役会が形骸化することは許されません。

　取締役会には、すべての取締役および監査役が出席し、個々の決議事項や報告事項について、十分に審議が尽くされるべきです。そして、そのために事務局が事前に資料を配付し、独立社外取締役に対しては、事前配付資料に基づく質問を受け付け、説明等を行い、最終的な判断を仰ぐことになります。

【原則4－13　情報入手と支援体制】

　取締役・監査役は、その役割・責務を実効的に果たすために、能動的に情報を入手すべきであり、必要に応じ、会社に対して追加の情報提供を求めるべきである。

　また、上場会社は、人員面を含む取締役・監査役の支援体制を整える

べきである。

　取締役会・監査役会は、各取締役・監査役が求める情報の円滑な提供が確保されているかどうかを確認すべきである。

　取締役、特に社外取締役や監査役は、日常的に会社の業務に携わることはありませんから、情報が不足気味です。したがって、不断に必要な情報を求め、会社はこれに応えるべきです。

　また、独立社外取締役や社外監査役を含む監査役には、スタッフが必要です。したがって、会社は支援体制を考えなければなりません。特に、監査等委員会や監査役会をサポートする従業員については、経営陣からの独立性の確保も問題となります。

【補充原則４−13①】

　社外取締役を含む取締役は、透明・公正かつ迅速・果断な会社の意思決定に資するとの観点から、必要と考える場合には、会社に対して追加の情報提供を求めるべきである。また、社外監査役を含む監査役は、法令に基づく調査権限を行使することを含め、適切に情報入手を行うべきである。

　社外取締役は、取締役会における議決権を行使するため、または経営陣の監督を行うため、必要な情報の提供を受けるべきです。そして、監査役も監査の観点からすれば、当然に必要な情報を収集すべきです。

【補充原則４−13②】

　取締役・監査役は、必要と考える場合には、会社の費用において外部の専門家の助言を得ることも考慮すべきである。

　取締役が取締役会における議決権の行使ため、議案の当否を評価するため

第６章　コーポレートガバナンス・コード対応　191

に、専門家の意見が必要な場合があります。このような場合には、会社の費用にて外部専門家の助言を求めるべきです。

なお、監査役会や監査等委員会において、法律や会計の専門家の意見が必要な場合、会社の顧問弁護士や顧問公認会計士の意見では、経営陣との間で利益相反が起こる可能性があります。したがって、監査役会や監査等委員会では、会社の顧問弁護士等以外の弁護士等から意見を徴求する必要があると思われます。

地方銀行においても、銀行の顧問弁護士以外の弁護士を監査等委員会の弁護士として契約することが行われています。

【補充原則４－13③】

> 上場会社は、内部監査部門と取締役・監査役との連携を確保すべきである。また、上場会社は、例えば、社外取締役・社外監査役の指示を受けて会社の情報を適確に提供できるよう社内との連絡・調整にあたる者の選任など、社外取締役や社外監査役に必要な情報を適確に提供するための工夫を行うべきである。

内部統制を実践するうえで、内部監査部門は、最重要な部署です。そして、社外取締役が監督機能を、社外監査役が監査機能を発揮するには、内部監査部門との連携が不可欠です。その意味で、上場会社は、内部監査部門と社外役員との間の連携をサポートすべきです。

また、そのために具体的な施策として、連絡・調整にあたる者を選任するなどの体制を整備すべきです。

【原則４－14　取締役・監査役のトレーニング】

> 新任者をはじめとする取締役・監査役は、上場会社の重要な統治機関の一翼を担う者として期待される役割・責務を適切に果たすため、その役割・責務に係る理解を深めるとともに、必要な知識の習得や適切な更

新等の研鑽に努めるべきである。このため、上場会社は、個々の取締役・監査役に適合したトレーニングの機会の提供・斡旋やその費用の支援を行うべきであり、取締役会は、こうした対応が適切にとられているか否かを確認すべきである。

【補充原則4－14①】

社外取締役・社外監査役を含む取締役・監査役は、就任の際には、会社の事業・財務・組織等に関する必要な知識を取得し、取締役・監査役に求められる役割と責務（法的責任を含む）を十分に理解する機会を得るべきであり、就任後においても、必要に応じ、これらを継続的に更新する機会を得るべきである。

【補充原則4－14②】

上場会社は、取締役・監査役に対するトレーニングの方針について開示を行うべきである。

　本原則および補充原則は、取締役と監査役に対するトレーニング体制の整備を求め、その方針を開示すべきとしています。

　一般的に地方銀行の新任の役員研修は、業界団体や外部セミナーに出席することによって行われてきたと考えられますが、本原則および補充原則は、このような研修にかえてトレーニングという言葉を使っています。トレーニングとは、「訓練」「鍛錬」というような言葉に和訳されているようですから、単なる研修というよりも、より実質的な効果を伴うものと考えられます。

　特に、社外役員については、所属する上場会社の事業活動全般ないし内部統制システム等を理解しなければ、コーポレートガバナンス上の課題が明確

第6章　コーポレートガバナンス・コード対応　193

にならないので、新任者のトレーニングは重要であると解されます。

5 株主との対話

【基本原則 5 】

上場会社は、その持続的な成長と中長期的な企業価値の向上に資するため、株主総会の場以外においても、株主との間で建設的な対話を行うべきである。

経営陣幹部・取締役（社外取締役を含む）は、こうした対話を通じて株主の声に耳を傾け、その関心・懸念に正当な関心を払うとともに、自らの経営方針を株主に分かりやすい形で明確に説明しその理解を得る努力を行い、株主を含むステークホルダーの立場に関するバランスのとれた理解と、そうした理解を踏まえた適切な対応に努めるべきである。

基本原則 5 は、上場会社が行うべき「株主との対話」について明示しています。

本基本原則については、以下の考え方が示されています。

【考え方】

「『責任ある機関投資家』の諸原則《日本版スチュワードシップ・コード》」の策定を受け、機関投資家には、投資先企業やその事業環境等に関する深い理解に基づく建設的な「目的を持った対話」（エンゲージメント）を行うことが求められている。

上場会社にとっても、株主と平素から対話を行い、具体的な経営戦略や経営計画などに対する理解を得るとともに懸念があれば適切に対応を講じることは、経営の正統性の基盤を強化し、持続的な成長に向けた取組みに邁進する上で極めて有益である。また、一般に、上場会社の経営

陣・取締役は、従業員・取引先・金融機関とは日常的に接触し、その意見に触れる機会には恵まれているが、これらはいずれも賃金債権、貸付債権等の債権者であり、株主と接する機会は限られている。経営陣幹部・取締役が、株主との対話を通じてその声に耳を傾けることは、資本提供者の目線からの経営分析や意見を吸収し、持続的な成長に向けた健全な企業家精神を喚起する機会を得る、ということも意味する。

第1章2(2)において、SS コードと CG コードの関係が「車の両輪」であると説明しましたが、地方銀行の経営に最も利害関係を有する株主との対話は重視されるべきです。その意味で以下の原則と補充原則をコンプライし、株主の声に耳を傾けるべきでしょう。

【原則5－1　株主との建設的な対話に関する方針】

> 　上場会社は、株主からの対話（面談）の申込みに対しては、会社の持続的な成長と中長期的な企業価値の向上に資するよう、合理的な範囲で前向きに対応すべきである。取締役会は、株主との建設的な対話を促進するための体制整備・取組みに関する方針を検討・承認し、開示すべきである。

【補充原則5－1①】

> 　株主との実際の対話（面談）の対応者については、株主の希望と面談の主な関心事項も踏まえた上で、合理的な範囲で、経営陣幹部または取締役（社外取締役を含む）が面談に臨むことを基本とすべきである。

【補充原則5－1②】

> 　株主との建設的な対話を促進するための方針には、少なくとも以下の

点を記載すべきである。

(i) 株主との対話全般について、下記(ii)～(v)に記載する事項を含めその統括を行い、建設的な対話が実現するように目配りを行う経営陣または取締役の指定

(ii) 対話を補助する社内のIR担当、経営企画、総務、財務、経理、法務部門等の有機的な連携のための方策

(iii) 個別面談以外の対話の手段（例えば、投資家説明会やIR活動）の充実に関する取組み

(iv) 対話において把握された株主の意見・懸念の経営陣幹部や取締役会に対する適切かつ効果的なフィードバックのための方策

(v) 対話に際してのインサイダー情報の管理に関する方策

　地方銀行等の上場会社は、「株主と対話」を行うに際し、その体制を整備すべきです。そして、体制整備や取組みに関する方針を策定して開示すべきです。

　方針の具体的な内容は、上記補充原則②に明記されていますから、これに沿った方針であるべきです。

　また、補充原則①には、株主との対話を対応する者は、合理的な範囲内で経営陣幹部または取締役が行うべきであるとされています。ただし、すべての株主との対話を取締役等が行うことは困難ですから、当該株主の具体的な属性（機関投資家や持株数の多い株主）に鑑みて対応することになります。

【補充原則5－1③】

　　上場会社は、必要に応じ、自らの株主構造の把握に努めるべきであり、株主も、こうした把握作業にできる限り協力することが望ましい。

　本補充原則は、いわゆる実質株主の把握を上場会社に求めています。そして、株主も把握作業に協力することが望ましいとしています。

第6章　コーポレートガバナンス・コード対応　197

【原則５－２　経営戦略や経営計画の策定・公表】

　　経営戦略や経営計画の策定・公表に当たっては、自社の資本コストを
的確に把握した上で、収益計画や資本対策の基本的な方針を示すととも
に、収益力・資本効率等に関する目標を提示し、その実現のために、事
業ポートフォリオの見直しや、設備投資・研究開発投資・人材投資等を
含む経営資源の配分等に関し具体的に何を実行するのかについて、株主
に分かりやすい言葉・論理で明確に説明を行うべきである。

　本原則は、株主との対話に関し、①経営戦略や経営計画等の策定・公表に
あたり、収益計画や資本政策の基本的な方針を示すこと、②収益力・資本効
率等に関する目標を提示すること、③その目標の実現のために経営資源の配
分等に関し具体的に何を実行するのかについて、わかりやすく説明をするこ
とを求めています。

　なお、本原則は、平成30年のCGコード改訂によって修正されています。
すなわち、「自社の資本コストを的確に把握した上で」と「事業ポートフォ
リオの見直しや、設備投資・研究開発投資・人材投資等を含む」が付加され
て、より具体的な内容とされたのです。

198

第7章

銀行法および監督指針と
コーポレートガバナンス

1 銀 行 法

(1) 機関設計および役員に関する規制

　株式会社の機関設計は会社法に基づき行うこととなりますが、会社法においては会社の規模等に応じて一定の機関設計を行うことが義務づけられているほか、役員に就任するための要件が定められており、銀行に対してもその規制が適用されます。

　しかし、銀行法は、「銀行の業務の公共性にかんがみ、信用を維持し、預金者等の保護を確保するとともに金融の円滑を図るため、銀行の業務の健全かつ適切な運営を期し、もつて国民経済の健全な発展に資することを目的」（同法1条1項）として立法された法律であり、銀行のコーポレートガバナンスに関しては、以下のように、会社法よりも加重した規制を設けています。

① 機関設計に関する規制

　銀行は、株式会社であって、①取締役会、②監査役会、監査等委員会または指名委員会等、③会計監査人の機関を置くものでなければならないとされています（銀行法4条の2）。また、銀行持株会社についても同様の規制が設けられています（同法52条の18第2項）。

　その結果、銀行や銀行持株会社は、コーポレートガバナンスの態勢として、②に掲げられた監査役会、監査等委員会または指名委員会等のうちいずれかの機関を設置することを選択する必要があることになります。各制度の違いの詳細については第2章において説明したとおりです。

200

②　役員に関する規制

銀行法は、役員についても特別の規律を設けています。

銀行の役員に選任されるためには、会社法上の要件だけを満たしてればよいわけではなく、常務に従事する取締役（または執行役）は銀行の経営管理を的確、公正かつ効率的に遂行することができる知識および経験を、監査役、監査等委員および監査委員は、銀行の取締役（または執行役）の職務の執行の監査を的確、公正かつ効率的に遂行することができる知識および経験を、それぞれ有するとともに、十分な社会的信用を有する者でなければならないとされ（銀行法7条の2第1項）、特別に高い能力を有することが求められています。

また、銀行の常務に従事する取締役（または執行役）は、内閣総理大臣の認可を受けた場合のほかは、原則として他の会社の常務に従事することが禁じられています（同法7条1項）。この点については、銀行持株会社にも類似した規律が設けられています（同法52条の19第1項。ただし、銀行持株会社の場合は子会社である銀行等で役員を兼任することが想定されているため、内閣総理大臣による認可の要件が緩やかになっているという違いがあります）。

さらに、銀行の取締役（または執行役）が当該銀行から信用の供与を受ける場合、その条件が当該銀行の信用の供与の通常の条件に照らして、当該銀行に不利益を与えるものであってはならないことが規定され、また、そのような銀行による信用の供与を承認するためには、取締役会における3分の2以上の多数による承認が必要とされています（同法14条）。取締役と銀行の間に利益相反が生じる状況において、会社法の規律と比較しても特に厳しい制限が加えられていることがわかります。

⑵　銀行グループの経営管理

①　平成28年銀行法改正までの状況

　今日において、銀行は単に銀行本体で銀行業務を行うだけではなく、多数の子会社を抱えて、グループで一体となった経営を行っています。また、銀行持株会社制に移行した銀行グループの場合は、よりいっそうその傾向が強いと考えられます。このような状況においては、銀行のガバナンスは、銀行単体のみを考慮すればよいわけではなく、グループ全体としての経営管理を行う必要があります。

　しかし、従前、銀行法においては、銀行持株会社の業務範囲として、子会社である銀行等の経営管理を行うことが含まれることは規定されておりましたが（改正前銀行法52条の21第1項）、具体的に「経営管理」が何を指すかは明確にされておらず、また、そのような経営管理を行うことが義務づけられているわけでもありませんでした。さらに、銀行持株会社制に移行していない銀行については、子会社を含むグループ全体の経営管理が銀行の業務範囲に含まれることは明確には規定されておらず、銀行法10条2項の付随業務として経営管理業務が含まれるものと解釈されるにすぎない状態でした。

　しかし、銀行以外の業態の子会社や海外子会社が増えて、より実効的なグループ全体の経営管理が求められるメガバンクはもちろん、地域金融機関においても、持株会社を活用した経営統合の動きが活発化するなどの動きがあり、同じようにグループ全体の経営管理の重要性が高まっています。

　そこで、平成28年の銀行法改正により、銀行や銀行持株会社による銀行グループの経営管理の内容を定義するとともに、それを義務づける条項が新設されました。

② 平成28年銀行法改正による経営管理

平成28年の改正後の銀行法においては、銀行または銀行持株会社であって、他の銀行または銀行持株会社の子会社でないもの（すなわち最上位の銀行や銀行持株会社）は、当該銀行グループの経営管理を行わなければならないとされています（同法16条の3第1項、52条の21第1項）。

そして、銀行が行うべき「経営管理」は、具体的には以下のように定義されています（同法16条の3第2項、52条の21第4項）。

ⅰ) グループの経営の基本方針その他これに準ずる方針（収支、資本の分配および自己資本の充実その他のリスク管理や災害時の危機管理体制整備に係る方針）の策定およびその適正な実施の確保

ⅱ) グループに属する会社の相互の利益が相反する場合における必要な調整

ⅲ) グループの業務の執行が法令に適合することを確保するために必要な体制（すなわちコンプライアンス体制）の整備

ⅳ) グループの業務の健全かつ適切な運営の確保に資するもの（再建計画の策定およびその適正な実施の確保）の実施

ただし、ⅳ) に関しては、金融庁長官が指定した銀行グループのみが対象とされており、現在のところ地域金融機関は指定されていないため（平成29年3月24日金融庁告示第10号）、地域金融機関では当面のところ、経営管理としてⅰ) ～ⅲ) に掲げられた事項の策定・実行を行っていくこととなります。

2 監督指針等の金融行政

(1) 監督指針

① 監督指針の位置づけ

　銀行法上、内閣総理大臣は、銀行に対して報告や資料の提出、立入検査などの調査権限を有し（同法24条、25条）、業務停止や免許の取消処分を行う権限を有しています（同法26条、27条）。そして、銀行法上の内閣総理大臣の権限は金融庁長官に委任されており（同法59条1項）、金融庁は当該権限を背景として、銀行に対する監督の指針を公表しています。

　金融庁では、金融機関の種別向けにそれぞれ監督指針を公表しており、地域金融機関向けには「中小・地域金融機関向けの総合的な監督指針」（以下単に「監督指針」という）が公表されています。このなかで、ガバナンスについては「Ⅱ-1　経営管理（ガバナンス）」として独立した項目が設けられています。

② コーポレートガバナンス・コード対応

　ガバナンスに関する着眼点のうち、冒頭に掲げられているのはCGコードへの対応です。この項目は、上場会社へのCGコードの適用を受けて、監督指針の一部が改正され、平成28年6月より適用が開始されたものです。

　前述のように、上場会社に適用されるCGコードは、「プリンシプルベース・アプローチ」「コンプライ・オア・エクスプレイン」の手法を採用しており、必ずしもそのすべてを遵守することが求められているわけではありませんが、その原則を採用しない場合には、それを採用しないことについての

合理的な説明をすることが求められています。そのため、単にその原則を採用しないだけの対応は不適切であり、銀行の状況に応じて原則を不採用とすることを決めた場合には、合理的な理由を説明できなければならない点には注意が必要です。

CG コードに掲げられている事項のうち、監督指針で特に言及されているのは、以下の事項であり、監督指針においてはこれらの点を特に重視しているものと考えられます。

ⅰ) **独立社外取締役の選任**

資質を十分に備えた独立社外取締役を少なくとも2名以上選任するとともに、自主的な判断によって少なくとも3分の1以上の独立社外取締役を選任することが必要と考える上場銀行は、そのための取組方針を開示することが求められます。

ⅱ) **政策保有株式**

政策保有株式として上場株式を保有する場合において、政策保有に関する方針を開示すること等が求められます。

③ 代表取締役に求められる規律

ⅰ) **法令等遵守態勢の構築**

法令等遵守を経営上の重要課題の1つとして位置づけ、法令等遵守態勢の構築に取り組むことが求められます。

ⅱ) **リスク管理部門の重視**

ⅲ) **内部管理態勢の構築**

財務情報その他の企業情報を適正かつ適時に開示するための内部管理態勢の構築が求められます。

ⅳ) **内部監査態勢の構築**

内部監査部門の機能が十分発揮できる態勢を構築し、定期的にその有効性を検証するとともに、監査役監査や当局検査等で指摘された問題点をふまえて実効ある態勢整備に取り組むことが求められます。また、内部監査の結果

第7章　銀行法および監督指針とコーポレートガバナンス　205

について、すみやかに適切な措置を講じる必要があります。

v) 監査役監査の有効性確保

監査役監査の有効性確保のための環境整備の重要性を認識し、監査役の円滑な監査活動を保障することが求められます。

vi) 反社会的勢力との関係遮断

反社会的勢力との関係を遮断し排除することが、金融機関に対する公共の信頼を維持し、業務の適切性および健全性の確保のため不可欠であることを認識し、政府指針の内容をふまえて取締役会で決定された基本方針を行内外に宣言することが求められます。

④ 取締役および取締役会に求められる規律

i) 業務執行の監督

業務執行にあたる代表取締役等の独断専行を牽制・抑止し、取締役会における業務執行の意思決定および取締役の業務執行の監督に積極的に参加することが求められます。

ii) 社外取締役の活用

社外取締役は、経営の意思決定の客観性を確保する等の観点から、積極的に取締役会に参加するとともに、銀行において社外取締役に対して情報提供を継続的に行う等の枠組みを設けることが求められます。また、社外取締役の選任議案を決定する場合には、銀行との利害関係を検証して、その独立性・適格性等を慎重に検討する必要があります。

iii) 外部有識者の活用

取締役会は、経営上の重要な意思決定・経営判断に際して、必要に応じて外部有識者の助言を得たり外部有識者を委員とする任意の委員会等を活用するなど、その妥当性・公正性を客観的に確保するための方策を講じることが求められます。

iv) 経営方針の策定

経営方針およびそれに沿った経営計画を明確に定め、組織全体に周知し、

その達成度合いを定期的に検証して必要に応じて見直しを行うことが求められます。

v） 法令等遵守態勢の整備

法令等遵守に関して誠実かつ率先垂範して取り組み、全行的な内部管理態勢の確立のため適切に機能を発揮することが求められます。

vi） リスク管理部門の重視

リスク管理部門を重視することに加えて、特に担当取締役は各種リスクの測定・モニタリング・管理等の手法について深い認識と理解を有することが求められます。

vii） リスク管理の方針の策定

リスク管理の方針を明確に定め、行内に周知し、定期的または必要に応じ随時見直すことが求められます。また、把握したリスク情報を業務の執行および管理体制の整備等に活用する必要があります。

viii） 経営管理

経営管理の重要性を強調・明示する風土を組織内に醸成し、適切かつ有効な経営管理を検証し、その構築を図ることが求められます。

ix） 内部監査態勢の構築

内部監査部門の機能が十分発揮できる態勢を構築し、定期的にその有効性を検証するとともに、監査役監査や当局検査等で指摘された問題点をふまえて実効ある態勢整備に取り組むことが求められます。また、リスク管理の状況等をふまえたうえで、監査方針、重点項目等の内部監査計画の基本事項を承認するとともに、内部監査の結果等についてすみやかに適切な措置を講じることが求められます。

x） 監査役監査の有効性確保

監査役監査の有効性確保のための環境整備の重要性を認識し、監査役選任議案の決定に際して、監査役としての独立性・適格性等を慎重に検討する必要があります。特に、社外監査役が監査体制の中立性・独立性をいっそう高める観点から選任が義務づけられていることを認識し、情報提供を継続的に

行う等の枠組みを設けることが求められます。

xi) 内部統制システムの構築

法令等遵守態勢、リスク管理態勢および財務報告態勢等の内部管理態勢（いわゆる内部統制システム）を構築することが取締役の善管注意義務および忠実義務の内容を構成することを理解し、その義務を適切に果たすことが求められます。

xii) 反社会的勢力との関係遮断

反社会的勢力との関係遮断に関して、政府指針をふまえた基本方針を決定し、それを実現するための体制を整備するとともに、法令等遵守・リスク管理事項として、反社会的勢力による被害の防止を内部統制システムに明確に位置づけることが求められます。

xiii) 常務取締役の適格性

銀行の常務に従事する取締役の選任議案の決定プロセス等において、その適格性に関する銀行法7条の2の要件をふまえた考慮事項をもとに、適切に勘案することが求められます。

⑤ 監査役および監査役会に求められる規律

i) 独立性の確保

ii) 会計監査および業務監査の実施

独立の機関として取締役の職務執行を監査することにより、銀行の健全で持続的な成長を確保することが基本責務であることとされており、監査役に付与された広範な権限を適切に行使し、会計監査に加え業務監査を的確に実施し必要な措置を適時に講じることが求められます。

iii) 職務遂行の補助態勢の確保

監査の実効性を高めて監査職務を円滑に遂行するために、監査役の職務遂行を補助する体制等を確保し有効に活用することが求められます。

iv) 積極的な監査の実施

各監査役は、あくまでも独任制の機関であることを自覚し、自己の責任に

基づき積極的な監査を実施することが求められます。また、社外監査役の場合は、中立性・独立性をいっそう高める観点から、客観的に監査意見を表明することが特に期待されており、常勤監査役の場合は、常勤者としての特性から行内の経営管理態勢およびその運用状況を日常的に監視・検証することが求められます。

v）　**監査役の選任**

監査役の選任議案について、その独立性・適格性等を慎重に検討するとともに、特に社外監査役については、銀行との利害関係を検証することが求められます。

vi）　**内部統制システムの構築**

内部統制システムの構築の監査が監査役としての善管注意義務の内容を構成することを理解し、その義務を適切に果たすことが求められます。

vii）　**監査役の適格性**

監査役の選任議案の決定プロセス等において、その適格性に関する銀行法7条の2の要件をふまえた考慮事項をもとに、適切に勘案することが求められます。

なお、監査役や監査役会について規定した項目について、監査等委員会設置会社、指名委員会等設置会社においては適切に読み替えることが求められている点に注意が必要です。

⑥　管理者に求められる規律

i）　**リスク管理の実行**

リスクの所在、種類および管理手法を十分に理解したうえで、リスク管理の方針に沿って、適切なリスク管理を実施することが求められます。

ii）　**相互牽制実施**

取締役会等で定められた方針に基づき、相互牽制機能を発揮させるための施策を実施することが求められます。

なお、監督指針においては、管理者とは、営業店長と同等以上の職責を負

う上級管理者を指すものとしています。

⑦　内部監査部門に求められる規律

ⅰ）　内部監査態勢の整備
　被監査部門との間の独立性を確保しながら、業務状況等に関する重要な情報を適時収集する態勢・能力を有し、実効性ある内部監査が実施できる体制が求められます。

ⅱ）　内部監査計画の立案と実施
　被監査部門におけるリスク管理状況を把握したうえ、効率的かつ実効性ある内部監査計画を立案し、状況に応じて適切に見直しながら、効率的で実効性ある内部監査を実施することが求められます。

ⅲ）　内部監査結果の報告等
　内部監査で指摘した重要な事項を代表取締役および取締役会に報告するとともに、指摘事項の改善状況を的確に把握することが求められます。

⑧　外部監査の活用について

ⅰ）　外部監査の有効活用
　実効性ある外部監査が、銀行の業務の健全かつ適切な運営の確保に不可欠であることを十分認識し、有効に活用することが求められます。

ⅱ）　外部監査の検証
　外部監査が有効に機能しているかを定期的に検証するとともに、外部監査の結果等について適切な措置を講じることが求められます。

ⅲ）　関与公認会計士の取扱い
　関与公認会計士の監査継続年数等を適切に取り扱うことが求められます。

⑨　監査機能の連携について

　外部監査機能と内部監査部門または監査役・監査役会の連携が有効に機能していることが求められます。

⑵ 金融検査マニュアル

① 金融検査マニュアルの位置づけ

　金融庁は、監督指針とは別に、検査官が預金等受入金融機関を検査する際に用いる手引書として「金融検査マニュアル」を策定しており、各金融機関に対しては、当該マニュアルを参照しつつ、それぞれの規模・特性に応じた方針、内部規程等を作成し、金融機関の業務の健全性と適切性の確保を図ることが期待されています（同マニュアル【はじめに】⑶)。

　金融検査マニュアルは、大きく以下の内容に分かれています。

ⅰ）「経営管理（ガバナンス)」……金融機関の経営管理の基本的要素が機能しているかの検証

ⅱ）「金融円滑化編」……金融機関におけるコンサルティング機能の発揮や金融円滑化一般の検証

ⅲ）「リスク管理等編」……法令等遵守態勢、顧客保護等管理態勢やリスク管理態勢の検証

　なお、金融庁が平成29年12月15日に公表した「金融検査・監督の考え方と進め方（検査・監督基本方針)」（案）の29頁には、金融検査マニュアルを平成30年度終了後（平成31年4月1日以降）をメドに廃止することが記載されています。金融機関を取り巻く状況の急激な変化に対して、従来の形式的な検査項目では対応しきれないことなどが指摘されていますが、「経営管理（ガバナンス)」に記載されている項目についても、金融検査マニュアルに記載されている項目を形式的に遵守するだけではなく、新たに監督指針において重視されることとなったCGコード等をふまえながら、各金融機関の状況に応じて対応をしていくことが求められていくことになると考えられます。

　本書では、金融検査マニュアルをめぐる上記のような状況に鑑み、「経営管理（ガバナンス)」に記載された項目の概要のみに触れることとします。

第7章　銀行法および監督指針とコーポレートガバナンス　211

② 金融検査マニュアルにおけるガバナンス

金融検査において検査官が具体的に確認する事項に関して、代表取締役、取締役および取締役会による経営管理（ガバナンス）態勢、内部監査態勢、監査役による監査態勢、外部監査態勢の基本的要素がその機能を実効的に発揮しているかという観点から、当該金融機関の経営管理（ガバナンス）が全体として有効に機能しているか否か、経営陣の役割と責任が適切に果たされているかについて、具体的に確認するとされています。

以下、それぞれの態勢ごとに求められる事項をまとめます。

③ 代表取締役、取締役および取締役会による経営管理態勢

i) 経営方針等の策定

経営方針・経営計画や内部管理基本方針、戦略目標を整備・周知することが求められます。また、金融円滑化管理方針や各リスク管理方針の整合性、一貫性を保つことも求められます。

ii) 取締役・取締役会の役割・責任

取締役、代表取締役、社外取締役といった立場の違いによる役割・責任を果たすことが求められるとともに、代表取締役に対する牽制が適切になされることが求められます。

iii) 組織態勢の整備

金融機関全体の組織態勢や子会社に対する管理態勢の整備とともに、適切な情報開示、情報収集を行うことなどが求められます。

iv) モニタリングおよび見直し

金融機関全体の態勢の実効性の検証および適時の見直しが求められます。

④ 内部監査態勢

i) 取締役会および取締役会等による内部監査態勢の整備・確立

内部監査方針を策定し、それに基づく規程・組織態勢を整備し、運用する

なかで発見される問題点の改善が求められます。

ⅱ) 内部監査部門の役割・責任

内部監査実施要領、内部監査計画を策定し、それに基づく内部監査を実施したうえで、改善計画を作成し、その改善状況を確認することが求められます。

ⅲ) 評価・改善活動

内部監査の有効性を分析、評価し、改善することが求められます。

⑤ 監査役・監査役会による監査態勢

ⅰ) 監査役の監査環境の整備

監査役による監査環境を整備し、その監査業務の補佐態勢を確立するとともに、組織上および業務の遂行上、独立性が確保されることが求められています。

ⅱ) 監査の実施

監査方針、監査計画を策定し、監査役に与えられた権限を適切に行使して、監査を実効的に実施することが求められます。

⑥ 外部監査態勢

年1回以上、外部専門家による外部監査を受け、その有効性を分析・評価して、改善する態勢を整備することが求められます。

(3) 平成29事務年度金融行政方針

金融庁では、平成27事務年度より、金融行政方針を公表しており、平成29事務年度に係る金融行政方針は平成29年11月に公表されています。

金融行政方針には、チェックリストによる機械的確認から、ルールとプリンシプルのバランスを重視して金融行政の目標にさかのぼって重要な問題を議論するといったように、従来の金融行政から大きな転換を図る内容も含ま

れているほか、業態別の記述としては、特に地域金融機関に対する記述が非常に大きなウェイトを占めています。そのなかでは、低金利環境の長期化や人口の減少・高齢化の進展等の構造的な問題のなかで厳しさを増す状況において、いかに「持続可能なビジネスモデルの構築」を行うかという点に特に重点が置かれていますが、それ以外にも、「経済・市場環境の変化への対応」「金融ビジネスの環境変化に対応したガバナンスの発揮」も重要な点として掲げられています。

このうち、「金融ビジネスの環境変化に対応したガバナンスの発揮」では、持続可能なビジネスモデルの構築のために、経営課題の解決に向けて、経営陣はもとより、社外取締役をはじめとする、さまざまなステークホルダーによるガバナンスが機動的かつ効果的に発揮されているかといった観点から、個別金融機関の実態を調査し、それをもとに深度ある対話を行うことが表明されています。また、いったん適切なガバナンスが構築できたとしても、将来にわたって持続的に発揮されなければ意味はないため、優秀な経営者を選ぶ枠組みの策定、相談役・顧問等による不適切な影響力の排除等のガバナンスの質の向上を図っていくことが重要であることも示唆されています。

今後は、このような観点から、各地域金融機関が、それぞれの地域の実情に応じてどのように対応していくのかを検討することが求められていくことになるでしょう。

某地方銀行頭取の独白

※以下の独白は、フィクションであることをお断りいたします。

■自己紹介と当行を取り巻く状況

　某地方銀行（以下「当行」という）に奉職して30年経ちました。昨年の定時株主総会後の取締役会で頭取に就任いたしました。思い起こせば長いようで短く思えます。頭取になることが夢でしたが、その夢が叶ったにもかかわらず、毎日苦しんでいます。40代半ばで取締役に就任した時の高揚感が今は昔の思いです。愚痴ばかりですみませんが、当行のような一地方の銀行で持続可能なビジネスモデルを構築することは至難の業です。多くの取引先が疲弊し、事業承継や事業再生もままならぬ状況で廃業することが多いのです。加えて、残念ながら、当行の行員には、事業承継や再生のノウハウのある者は少数です。付加価値の高いコンサルティングやアドバイザリー業務によって高い利率や手数料収入を期待することはできません。この問題について、人繰りに余裕があれば、地域経済活性化支援機構（REVIC）に行員を派遣してノウハウを学ばせることもできますが、残念ながらそのような余裕もありません。

■平成29事務年度金融行政方針

　当行を取り巻く状況が厳しいなかで、監督官庁である金融庁が平成29年11月10日公表した平成29事務年度金融行政方針は、多くのテーマを記載していますが、地域金融機関の持続可能なビジネスモデルの確立に最も頁数を割いています。

　方針は、「深刻な問題を抱えている地域金融機関に対しては、バランスシートの健全性に大きな問題が生じていない今のうちに、検査を実施し、経

営課題を特定した上で、経営陣や社外取締役と深度ある対話を行い、課題解決に向けた早急な対応を促す」としており、本年から検査実施とそれに基づく当局との対話が開始されます。残念ながら、当行の状況は、平成29年10月に同じく金融庁が公表した平成28事務年度金融レポート16頁に掲載された「顧客向けサービス業務の利益率とその増減幅」と題する図表の左下に位置する、つまり利益率と利益率増減幅の両方がマイナスですから、当局対話の対象とされそうです。

　また、方針には、「持続可能なビジネスモデルを構築するためには、経営陣による適切なリーダーシップの下、地域経済や競争環境、自身の経営状況等を正確に把握した上で経営戦略を策定し、それを営業現場に浸透させ、組織的・継続的な取組みにつなげていくことのできる適切なガバナンスの発揮が重要である。また、こうした適切なガバナンスが将来にわたって持続的に発揮されるよう、ガバナンスの質の向上（優秀な経営者を選ぶ枠組みの策定、相談役・顧問等による不適切な影響力の排除等）を図っていくことも重要である」との記述があり、当局がガバナンスの向上を重視していることがうかがえます。

　他方、方針には、「地域金融機関が、最大限、地域企業の価値向上や地域経済の活性化に貢献できるよう、業務範囲に係る規制緩和を含め環境整備について検討する」とも記述されていますから、銀行法で禁止されている他業について、現状以上の規制緩和が実施されるとの期待がもてます。金融庁は、平成30年１月23日、銀行が取引先企業に対して人材紹介業務ができると明示した監督指針の改正案を公表し、パブリックコントに付されてから同年３月30日に改正されています。さらに、新聞報道によれば、営業店の建替えに伴う余剰部分について賃貸借が可能になるというような内容のようです。

■当行の機関設計と独立社外取締役

　当行は、会社法改正にかかわらず、従来どおりの監査役会設置会社です。最近は監査等委員会設置会社に移行する銀行も多いようですが、いまのとこ

ろ監査役会設置会社でよいと考えています。監査役は、取締役会に出席するものの、議決権はなく、監査自体も取締役の業務執行の適法性のみに及ぶものであり、監査等委員のように監督機能を有していないことが当行のような地方銀行にフィットすると考えているからです。

　もちろん、当行も独立社外取締役2名を選任しておりますし、そのお二人が独立社外取締役としての助言機能と監督機能を果たしておられると思っております。しかし、当行において監査等委員となりうるような独立社外取締役候補者を選定することは困難が伴います。地方都市には、銀行経営の根幹に助言できるような人材を見出すことは困難です。機関投資家さんなどは東京などの大都市圏から適切な人材を招聘できるのではないかとおっしゃっておられますが、当行の実情をふまえた適切な助言ができるか否かが未知数ですし、社外取締役に限られた報酬しか与えることができない銀行の役員に就任される方が見出せるとも思えません。これに対し、監査役であれば、最低限弁護士さんと公認会計士さんを地元で見出すことによって選任が可能です。

　現在の独立社外取締役は、当行と融資取引のない地元企業の代表取締役をされている男性A氏と福祉医療法人の理事長をされている男性B氏です。A氏は、取締役会において最も発言が多いと思います。また、B氏は社会的弱者の視点から障がい者や高齢者にやさしい営業店のあり方などについて、われわれが気づかなかった点について助言をくださっています。

　当行が社外取締役の属性について満足していないことが1点あります。それは女性がいないということです。女性活躍推進法やCGコードでも取り上げられていますから、ぜひ女性の社外取締役を実現したかったのですが、残念ながら選任できませんでした。新聞報道にあるように、有力な議決権行使助言会社の米国グラスルイスは、2019年から女性の取締役がいない会社の会長や社長の選任議案に反対するとしています。したがって、女性取締役は上場会社にとって必要な存在となっています。

　なお、常勤監査役は、当行出身者が2名ですから、監査役の合計は4名で

す。社外監査役の欠員に備えて補欠監査役を選任しています。

■当行のコーポレートガバナンス・コード対応

　当行は、CGコードのすべての原則にコンプライしています。ただし、すべての補充原則についてまで、その例示内容等を忠実に実現しているわけではありません。

　CGコード補充原則4-10①には、例示ですが、任意の指名委員会・報酬委員会など、独立した諮問委員会を設置することにより、指名・報酬などの特に重要な事項に関する検討にあたり独立社外取締役の適切な関与・助言を得るべきであるとしています。しかし、当行には任意の諮問委員会は存在しません。ただし、当行が定めるコーポレートガバナンス・ガイドラインには、「取締役の指名および報酬に係る方針と手続」が定められ、取締役の指名と報酬を決定するに際しては、独立社外取締役へ諮問をすることと、その答申を尊重することが明記されています。

　CGコードでは、基本原則1が株主の権利・平等性の確保であり、基本原則5が株主との対話です。株主の皆様は、会社のオーナー様ですから、最も重要な利害関係人であることは承知しております。しかし、一部の機関投資家や外国人株主などは、剰余金基準や配当基準に関する議案について反対票を投じられます。これらの株主は、短期的に高配当を求めておられるようですが、地方銀行はその地方における公共的使命を実践している企業であって、地元の皆様に支えられ、地域経済を支えるという重大なミッションを果たすべく日夜努力しています。誤解をおそれずに発言すれば、短期的な利益を追うような投資家様は地方銀行の株主には向いていないと思います。

　当行は、これらの株主様とも対話を続けておりますが、どうにも溝が埋まらないように思えてなりません。

■当行におけるガバナンス上の課題

　当行の機関設計は、監査役会設置会社ですが、現在も上場会社の大多数が

監査役会設置会社ですから、機関設計におけるガバナンス上の問題はありません。

　また、独立社外取締役２名を選任していますので、CGコードにも適切に対応しています。任意の諮問委員会は設置しておりませんが、取締役の指名と報酬について、社外取締役から意見をいただいておりますから、CGコード対応としては十分であると考えています。

　加えて、独立役員として社外取締役以外に２名の社外監査役を選任しておりますので、役員構成としては多様性が確保されていると考えております。ただし、女性の役員が存在しないことは課題であると考えており、近い将来には女性役員就任を実現したいと思っております。

■相談役・顧問等について

　平成29年８月２日に東京証券取引所は、上場会社が提出する「コーポレートガバナンスに関する報告書」の記載要領を改訂し、当該上場会社における相談役・顧問等の役割等を開示させることにしました。具体的には、報告書に「代表取締役社長等を退任した者の状況」欄を新設したのです。

　相談役等に関する地方銀行の実情を申し上げれば、代表取締役頭取や会長であった者が地元の経済団体の要職に就いていることが多く、代表取締役を辞任した後もこのような要職に引き続き就いている場合、銀行に拠点をもつ必要性が高いことから、相談役として銀行の応接室や自動車を利用していただくことを確保するためのいわば便法としていることが多いと思います。地方の経済団体では予算等が少なく、トップであっても自由がきかないというのが実情です。したがいまして、多くの地方銀行で相談役等が銀行経営に積極的に関与することなどはなく、取締役会以外の会議体に出席することも少ないと思います。現に当行では、会長職がありますが、会長は取締役会の議長を務めるのみで、経営会議やその他の委員会などにも出席することはありません。

　前述のとおり、金融庁の平成29事務年度金融行政方針には、「相談役・顧

問等による不適切な影響力の排除等を図っていくことも重要」との指摘がありますが、不適切な影響力を行使しているケースは、きわめてまれであると考えます。

■会社法改正の動向と将来的課題

　平成30年2月現在、会社法改正の審議が法制審議会にて行われています。すなわち、平成29年2月9日に開催された第178回法制審議会において、法務大臣より「近年における社会経済情勢の変化等に鑑み、株主総会に関する手続の合理化や、役員に適切なインセンティブを付与するための規律の整備、社債の管理の在り方の見直し、社外取締役を置くことの義務付けなど、企業統治等に関する規律の見直しの要否を検討の上、当該規律の見直しを要する場合にはその要綱を示されたい」との諮問が下されました（諮問第104号）。

　そこで、法制審議会に会社法制（企業統治等関係）部会が設置され、平成29年4月26日から審議が開始されています。部会における検討事項は、前記諮問にあるように、①株主総会の手続の合理化（株主総会資料の電子提供制度の新設および株主提案権の濫用的な行使を制限するための措置の整備）、②役員に適切なインセンティブを付与するための規律の整備（取締役の報酬等に関する規律の見直し、会社補償に関する規律の整備および会社役員賠償責任保険（Ｄ＆Ｏ保険）に関する規律の整備）、③社債の管理のあり方の見直し、④社外取締役を置くことの義務づけ等（社外取締役を置くことの義務づけ、社外取締役の要件である業務執行性の見直しおよび重要な業務執行の決定の取締役への委任に関する規律の見直し）、⑤責任追及等の訴えに係る訴訟における和解に関する規律の整備です。

　そして、平成30年2月16日に開催された第130回法制審議会にて、「会社法制（企業統治等関係）の見直しに関する中間試案」が報告されました。

　上記中間試案において記載された事項のうち、地方銀行の経営と取締役に関するものとして、「社外取締役の活用等」と「取締役の報酬等」がありま

すが、改正点について当行の実情を申し上げれば次のようになります。

　まず、「社外取締役の活用等」では、「社外取締役を置くことの義務付け」につき、上場している地方銀行のような監査役会設置会社では、社外取締役を置くことを義務とすべきとのA案と現状のままでよいとするB案が明示されています。しかし、前述のように当行をはじめとする大多数の地方銀行では、監査役会設置会社であっても複数の独立社外取締役を選任しているとの実情があるので、特に影響はないと考えています。

　次に、「監査役会設置会社の取締役会による重要な業務執行の決定の委任」につき、取締役の過半数が社外取締役であること等を要件に重要な業務執行の決定を取締役に委任することができるとするA案と現状のままでよいとするB案が提示されています。A案が通れば、支店長人事などが取締役会決議によらず、頭取稟議や経営会議決定などに委ねられることになります。しかし、取締役の過半数を社外取締役とすることは困難だと思います。現在当行の取締役は10名おり、うち2名が社外取締役ですから、この人数のままで過半数となれば、社外取締役4名を増員し、社内取締役4名を減員する必要があります。しかし、適格な社外取締役候補者がいませんし、社内取締役4名では、会長と頭取を除く取締役が2名になり、到底業務執行を適切に遂行することができません。もちろん、取締役の定員を増やすことも考えられますが、定員15名にすれば社外取締役が8名必要となり、現実的ではありません。執行役員を増員することも考えられますが、執行役員は会社法上の役員ではなく、会社法上の責任を負わないので、会長と頭取以外の取締役が担当する部門がきわめて多くなり、責任の所在が明確になりません。したがって、過半数の社外取締役を確保するということは、地方銀行では困難だと思います。この点、現実的なのは、監査等委員会設置会社に移行して定款レベルで決議事項を委任することでしょう。

　次に、「取締役の報酬等」には、「取締役の報酬等の内容に係る決定に関する方針」を定めているときは、報酬に関する議案を株主総会に提出した取締役は株主総会で、その方針の概要と議案が方針に沿うものであると判断した

理由を説明しなければならない旨の案が提示されています。上場会社である多くの地方銀行では、すでに取締役の報酬等の内容に関する方針を策定して開示しているものと思われますし、このような会社法改正がなされれば、報酬等の議案を提出する際に、上記説明をすることになるでしょう。

「取締役の報酬等」については、「取締役の個人別の報酬等の内容に係る決定の再一任」に関する改正案が実務に影響があると思われます。多くの上場会社では、取締役個々人の報酬の決定は、取締役会において、代表取締役社長に一任するとの決議がなされ、これに基づいて社長が個別報酬を決定しているという実情があります。しかし、このような方法では、社長の胸先三寸で取締役の報酬が決まることになり、取締役会による代表取締役に対する監督に不適切な影響を与えるとの批判があります。そこで、たたき台では「取締役会設置会社では、各取締役の報酬等については定款の定め又は株主総会の決議がないときは、報酬等を取締役会の決議によらなければならず、上場地方銀行のような公開会社では、株主総会決議によって各取締役の報酬等を取締役に委任することができる旨を定めることができる」との A 案が提示されました。他方、現状のままでよいとする B 案も示されています。個々の取締役の報酬等を代表取締役社長が決めるとの慣行は従来からあり、実際にはすべての取締役が賛成することが前提となっているように思います。わが国の取締役の報酬は、外国と異なり低額であると思われますから、代表取締役社長の権限乱用の余地も少ないのではないでしょうか。ただし、弊害除去の観点から株主総会の決議事項とすることに違和感はありません。

最後に、たたき台には「情報開示の充実」という項目があります。地方銀行のような上場会社では、①報酬等の内容に係る決定に関する方針に関する事項、②報酬等についての株主総会の決議に関する事項、③取締役会による各取締役の報酬等の内容に係る決定の一部または全部の再一任に関する事項、④職務執行の対価としての株式会社が交付した株式または新株予約権等に関する事項、⑤報酬等の種類ごとの総額を事業報告の内容に含めることを提案しています。ただし、取締役の個人別の報酬等を事業報告の内容に含め

るか否かについては、引き続き検討することになっています。事業報告の内容の充実については、賛成できますが、地方銀行の取締役の報酬が少ないことからすれば、個人別の報酬まで開示する必要はないと考えられます。

■おわりに

　コーポレートガバナンスは、上場会社である地方銀行にとって前向きにとらえることができます。地方銀行の経営姿勢は、銀行自身の中長期的な企業価値を向上させ、株主に代表されるステークホルダーの夢を叶え、かつ地方の活性化を実現することにあると考えておりますが、これらを実現するための最良の道具になると考えられるからです。ただし、時間と費用と手間がかかることも事実です。

　また、平成29年12月8日に金融庁から公表され、同30年2月6日に確定した「マネー・ローダンリング及びテロ資金供与対策に関するガイドライン」によれば、銀行はAMLとCFTに関する課題を経営問題ととらえて、経営陣が積極的に関与しなければならないこととされています。したがいまして、銀行の経営者にとっては、コーポレートガバナンスと同様の大きな課題を突き付けられたといえるでしょう。

　地方銀行の経営陣にとっては、銀行のビジネスモデルの転換、コーポレートガバナンス対応に加えて、AML・CFT対応という大きな課題に向き合わなければなりませんが、私は前向きにチャレンジするつもりです。

終章　某地方銀行頭取の独白　223

地方銀行のコーポレートガバナンス戦略

2018年6月26日　第1刷発行

編著者　香　月　裕　爾
　　　　杉　山　大　幹
　　　　古　川　綾　一
発行者　小　田　　　徹
印刷所　株式会社日本制作センター

〒160-8520　東京都新宿区南元町19
発　行　所　一般社団法人 金融財政事情研究会
企画・制作・販売　株式会社きんざい
出 版 部　TEL 03(3355)2251　FAX 03(3357)7416
販売受付　TEL 03(3358)2891　FAX 03(3358)0037
URL http://www.kinzai.jp/

・本書の内容の一部あるいは全部を無断で複写・複製・転訳載すること、および
　磁気または光記録媒体、コンピュータネットワーク上等へ入力することは、法
　律で認められた場合を除き、著作者および出版社の権利の侵害となります。
・落丁・乱丁本はお取替えいたします。定価はカバーに表示してあります。

ISBN978-4-322-13260-1